Ceniceros sucios

Lauren García

Ceniceros sucios

28 años de entrevistas con escritores

&trabe

Uviéu, 2025

A las voces libres
que me enseñaron a creer en la palabra.

A la memoria de Xuan Bello, que me dejó
sus palabras en una mañana soleada de Caces.

Imagínate ahora que tú y yo
muy tarde ya en la noche
hablemos hombre a hombre,
finalmente.

Imagínatelo,
en una de esas noches memorables
de rara comunión, con la botella
medio vacía, los ceniceros sucios,
y después de agotado el tema de la vida.
Que te voy a enseñar un corazón
un corazón infiel.

JAIME GIL DE BIEDMA

Y cuando todo el mundo se iba
y nos quedábamos los dos
entre vasos vacíos y ceniceros sucios
qué hermoso era saber que estabas
ahí como un remanso,
sola conmigo al borde de la noche,
y que durabas, eras más que el tiempo.

JULIO CORTÁZAR

Nicotina y palabras

D ICEN QUE un cigarrillo da ganas de hablar, es como otorgar un tiempo a tu interlocutor.

Las entrevistas que componen este libro están hechas de devoción, admiración y respeto a lo largo de las tres últimas décadas. Han sido realizadas a través de un nervioso teléfono, un laborioso *mail* o en el *ring* imbatible del cara a cara. Cada persona entrevistada me ha abierto numerosos surcos de su personalidad y de su visión literaria y vital.

Era un placer el escuchar y tomar nota, sin nada ni nadie que interfiera en la palabra, como debería ser en este mundo que cada vez más se erige en un circo con la carpa desinflada, donde los gritos son coléricos y maledicentes.

La época, la situación personal de cada personaje o el tema a tratar abrían estas venas que constituían la entrevista en lo que debe ser: única e irrepetible. La vida, tan escurridiza que queremos cercarla de palabras.

En *Literarias, La Estrella Digital* y *La Nueva España* han visto la luz estas conversaciones que pasaban de la calma a la intensidad de la nicotina. Vayan por delante el agradecimiento a muchos compañeros que las han hecho posibles: Pilar Rubiera, Andrés Montes, Luis Muñiz, Eduardo Lagar, Ana Rubiera, Chus Neira, Tino Pertierra… (*La Nueva España*), Rubén Rodríguez, José Havel y Javier Lasheras (*Literarias*) y Antonio de la Fuente (*La Estrella Digital*).

Forman parte de la literatura en castellano y en asturiano, dejan un retazo de vida en el lector. Quiero pensar que todavía en un aeropuerto, un bar, un hogar, un pasillo de cualquier lugar o en la desatendida calle hay espacio para un diálogo que merece ser escrito.

Una bebida y una cajetilla de tabaco esperando a que el cenicero se ensucie de calor humano. Y pensar que tenemos todo el tiempo por delante porque algo bueno va a suceder.

Mientras los Sumos Sacerdotes de la maldad y los inclasificables señores de la guerra quieren apoderarse del mundo, puede que alguien encienda un cigarro y nos encandile con palabras encantadoras para seguir el parloteo del aire.

LAUREN

Felizmente inéditos

Fernando Fonseca

Un buen libro de conversaciones siempre añade el atractivo de revelar las confidencias de personajes a los que uno respeta, como si se tratara de una velada íntima compartida con amigos de quienes, en su mayoría, ya conocemos su palabra escrita, pero no así su palabra hablada, su voz, su pensamiento y hasta sus gestos; esas cosas que nos entretienen y nos cautivan por igual.

Lo primero a tener en cuenta es que, al margen de las confesiones del entrevistado, este género –que aspira a serlo– depende en gran medida de la pericia del entrevistador. Por muy bueno que uno sea dando respuestas, si enfrente no se sienta un excelente preguntador hay poco, o nada, que hacer.

Por lo tanto, ante una recopilación de entrevistas nos dejaremos llevar por la habilidad del conductor/conversador, quien ha de guiar el texto/charla con la espontaneidad y el aplomo de un amigo afianzado en el terreno que pisa. Pues bien, eso mismo lo consigue Lauren García, con mano experta y veterana delicadeza, en *Ceniceros sucios*, selección de charlas mantenidas con afamados escritores –y algunos que no lo son tanto–, y publicadas a lo largo de los últimos veintiocho años de dedicación periodística por parte del autor.

Nuestro admirado y querido amigo Lauren, periodista y poeta en tiempos libres y exclusivos, pero por encima de todo, y esto lo cumple a tiempo completo, personaje imprescindible en el santoral de la amistad y las letras, desde Asturias hacia el más allá de los montes, en las páginas de *Ceniceros sucios* se nos descubre como un avezado retratista en el negro sobre blanco, pues presiento que entre las claves de su indiscutible oficio ha de hallarse su capacidad para la semblanza y la reseña (de lo que uno guarda con gratitud noticia personal), además de dominar los entresijos de la interviú periodística.

Si conversar con Lauren desembarazadamente y sin la vigilancia de un reloj, con cigarrillos y algo de beber, por sí solo, representa un disfrute al abrigo de las metáforas y el ingenio, recibir ahora sus charlas compartidas con excelentes interlocutores resulta un premio de impagables efectos y un amable guiño a la inteligencia.

En el diálogo que mantiene el autor con sus amigos entrevistados descubrimos una complicidad y un bienestar por ambas partes que, lo puedo asegurar, despierta las ganas de leer o, más difícil todavía, invita a salir corriendo para ponerse a escribir sin demora. Para mí, esa es la mejor señal que puedo obtener cuando leo un libro.

En estas páginas los diálogos, y asimismo los retratos, huyendo de la estandarización periodística al uso, muestran una complicidad exquisita, solo posible a partir de la cultura del que hace las preguntas y de la sinceridad del que las responde, como si las dos voces que nos susurran desde la página no tuvieran otra intención que mostrarse ante nosotros sin pudor, compartiendo un café o una copa, sentados a una mesa con libros y. quiero imaginar, tabaco y un sucio cenicero de hojalata anunciando el vermú Cinzano, como aquellos que había en los bares cuando yo era niño. O sea, sosiego e inteligencia de sobra.

Así es que leer *Ceniceros sucios* resulta, sin duda alguna, una experiencia que dejará huella en nuestra memoria hecha de lecturas.

En cuanto a los entrevistados, basta citar a vuela pluma los nombres de Benedetti, Umbral, Vázquez Montalbán, Ángel González, Luis Landero, Javier Lostalé, Azaústre, Fueyo, Gamoneda, Vicent y muchos más, hasta rondar el medio centenar. ¿Qué decir de ellos, salvo señalar, con hincapié, que se nos muestran confesionales, cómodos, benditos y casi inéditos?… Sí, felizmente inéditos.

Los clásicos perdurables

Mario Benedetti:
«Están empujando a la humanidad a su desaparición»

«La vida es un paréntesis entre dos nadas;
hay que vivir como inmortales»

EL LASTRE de la edad no solo no le impide escribir, sino que le impulsa a componer poemas intemporales sobre los límites de la mortalidad, como los contenidos en su último poemario *La vida ese paréntesis*. Mario Benedetti es un escritor indefectiblemente estimado, tanto en su prosa como en su poesía, que es recitada de memoria en buena parte de los países latinos. Tras una singladura repleta de exilios y desexilios, palabra que Benedetti se sacó de la manga para anunciar sus regresos a su Uruguay natal, actualmente descansa en España entre un calendario cargado de compromisos y la literatura que en ningún momento puede aparcar porque cree que la poesía es irreemplazable.

¿Por qué en el título de su libro ha querido equiparar la vida a un signo de paréntesis?

Se llama así porque considero que la vida es un paréntesis entre dos nadas: no somos nada antes de nacer ni seremos nada después de morir; en medio de las dos nadas está la vida, por eso digo en un poema que tenemos que vivir como si fuéramos inmortales.

¿Son poemas escritos desde una perspectiva muy vital?

Siempre escribo desde ese punto de vista, pero este libro es distinto a los anteriores, porque es más reflexivo y existencial. De alguna manera está asignado por la idea de la muerte. Voy a cumplir 78 años y esa nada está presente.

Se percibe en los poemas cierta animadversión hacia el mundo globalizado de Internet que se nos avecina

A esa globalización se le llama de la economía o de la política, pero se habla muy poco de la globalización de la hipocresía y la frivolidad, que nos llevan actualmente a unos derroteros nefastos.

También hay como una constante de poemas póstumos suyos sobre su vida o de posterioridad hacia las generaciones sucesivas

A pesar de que uno esté preocupado por la muerte, a mí me preocupa más la suerte de la humanidad. Una cosa es pensar que uno esté condenado a morir, y otra que piense que la humanidad va a morir. La humanidad debe seguir hacia adelante con muertes y nacimientos, pero se la está empujando hacia la desaparición.

¿Hay un pulso entre cultura y economía?

La cultura, como tantos aspectos de la vida social, está cercada por lo mercantil, que forma parte del mundo económico. Esto la empuja hacia el consumismo, lo que no beneficia a la cultura. Por eso siempre digo que la poesía es un género más independiente. A los poetas no se les presiona con la urgencia que a los novelistas y tienen mucha más independencia para decir lo que piensan del mundo y uno mismo.

En España se viene percibiendo últimamente un nuevo *boom* de la poesía. ¿La poesía resurge con reediciones de poemas viejos o apoyando a los jóvenes poetas?

No hay mayor inversión en la poesía, que ha sido siempre la cenicienta de la literatura y que avanza en el boca a boca pese no tener la promoción de la novela. Por eso me parece importante que la gente la lea, ya que da visiones independientes.

¿La poesía es más apremiante y necesaria en esta era tecnológica que vivimos?

Me parece muy estimulante que la gente, y especialmente los jóvenes, se acerquen a la poesía y a la canción que transmite cosas reflexivas y no simplemente toma una línea o un verso en base a un ritmo musical. Los jóvenes se están dando cuenta de cómo están siendo utilizados por sectores del gran capital que quieren neutralizarlos; entonces empiezan a salir de ellos atisbos de rebeldía e inconformismo.

Tras una dictadura, para reconstruir un país, ¿es necesario ir colocando los andamios de la cultura?

No solo de la cultura, yo le puse *Andamios* a un libro mío porque la palabra «andamio» se refiere a cuando se construye o se reconstruye un edificio. La democracia en Uruguay, está en una etapa de reconstrucción, todavía son necesarios los andamios.

¿Se comprende mejor el mundo al salir del país natal o al llegar al país del exilio?

Una vez que uno queda exiliado, lo está hasta el fin de los días. Cuando uno está fuera de su país siente nostalgia de su propia tierra, y al volver tiene nostalgia del país exiliado, porque en el exilio se conoce a gente estupenda que ha sido muy solidaria con uno. Siempre que puedo vuelvo a los países del exilio, porque allí tengo amigos y afectos.

¿La cultura latina ha perdido cierto complejo de inferioridad respecto a la anglosajona?

No sé qué pasa en el mercado con ese tema. Lo que sé es que en los países de habla hispana la gente está muy atenta a lo que sucede en cualquiera de los géneros. Actualmente hay buen nivel en el área literaria del castellano, están aconteciendo cosas importantes.

¿Cuál es el legado de Octavio Paz?

Francamente, no es uno de mis poetas preferidos. Dentro de la poesía mexicana estoy más cerca de poetas como José Emilio Pacheco.

Para mi gusto es un buen poeta, no cabe duda, pero es demasiado frío y congelado. Así como hay grandes entusiastas de su poesía y de sus actitudes políticas, sobre todo en lo referido a esto último, he estado en la trinchera contraria a Octavio Paz.

Ángel González:
«La inteligencia es fundamental para dirigir el poema»

*«Creo que mi edad es más apropiada
para escribir de amor que cuando era joven»*

Á NGEL GONZÁLEZ posee una fe fuerte y segura en la poesía, con ella avanza y se renueva cada día. Su última creación, *Otoños y otras luces*, es buena prueba de ello. Versos escritos desde una edad tardía, con una apacibilidad que en ocasiones se muestra hiriente. De ello habla desde su refugio de Alburquerque con una sedosa voz que se le suaviza aún más al recitar poemas. Después viajará a Madrid, una ciudad en la que le gusta perderse por los recovecos de la noche, y la ciudad norteamericana donde impartió clases de Literatura comprobará aquello que su amigo y poeta García Montero escribió: «Cuando Ángel se va, cualquier ciudad se queda sola, más hostil y desamparada». Luego le espera Oviedo, su ciudad, el Norte y punto de retorno del viajero, y volverá a pasear por un casco antiguo, que con su luz tenue iluminó sus primeros poemas.

¿Es el otoño una época ideal para hacer poesía reflexiva, tan propia de usted?

El otoño es una época muy rara del año porque hay una transformación en la naturaleza que afecta al organismo, es algo casi fisiológico. En el poeta influye esa extrañeza de acabamiento y eso provoca un deseo e impulso que finaliza en el acto de la escritura. Los versos de

21

este libro no solo están escritos en esa estación, otros sí y son poemas que he hecho contemplando el paisaje y me han salido muy naturales.

¿Toda estación tiene su trasfondo poético?

Sí, sin duda, toda estación tiene ese trasfondo que induce a la poesía. En la primavera la realidad puede con todo, es también una estación muy especial que supone un resurgimiento frente al invierno. Tengo amigos en países tropicales que me cuentan que no podrían vivir en sitios que tengan primaveras inhóspitas como Asturias. No saben lo que se pierden porque es una emoción fisiológica indescriptible.

En el libro abunda un tono elegiaco, ¿está de acuerdo con su compañero de promoción Gil de Biedma en que todos los temas se resumen en el paso del tiempo?

No sé si la frase de mi amigo es del todo cierta, pero lo que sí es indudable es que marca en gran parte la poesía. El paso del tiempo es una emoción fundamental porque te va dando y quitando la vida. Esa percepción que se agudiza, sobre todo cuando uno advierte que no es joven, eso se plasma en el libro.

¿Cree que la huella de su generación, 50-60, es más que significativa actualmente?

Pienso que todavía hay que esperar un poco para comprobar la transcendencia del grupo. Aunque creo que hay un eco claro en la poesía más joven. De mi generación me restan muchos recuerdos personales y vitales de amigos desaparecidos, como Biedma, Goytisolo, Barral… Y sigo teniendo contacto periódico con Caballero Bonald. Actualmente todavía pienso mucho en aquellos años, en el arte como reacción a una dictadura, a una pesada realidad ante la que tomamos una respuesta inequívoca y no solo coincidimos en actos sociales sino también en actos cotidianos, como tomar copas.

Francisco Umbral:
«La transgresión es siempre buena aunque solo sea por molestar»

«Todo político es buen personaje literario porque hace una vida distinta de los otros»

DESDE LA muerte de Franco hasta nuestros días. Ese es el trayecto que marca Francisco Umbral en su último libro, *Madrid, tribu urbana*. Desde su retirada casa madrileña, Umbral vive apasionadamente la vorágine de la literatura, intentando aplicar una frase de su admirado Baudelaire que utilizó para uno de sus libros: «Hay que ser sublimes sin interrupción». Ahora, parte como uno de los favoritos –junto a otros nombres ilustres, como Pedro Laín Entralgo y Juan Goytisolo–, al premio de literatura en lengua castellana «Miguel de Cervantes» del año 2000.

Madrid es una ciudad de clarividentes connotaciones literarias, ¿qué ha intentado añadir al respecto?

He querido contar la transición a mi manera y estilo, contando también cosas personales que yo he vivido y que la gente no conoce. He hecho un ejercicio histórico y literario que está teniendo muy buena crítica. Hay una opinión generalizada que afirma que el Madrid actual dista mucho del de los ochenta.

Es un poco lo mismo pero aumentado porque Madrid no para de crecer y cada vez hay más gente. Lo que sí ha sucedido es que en los ochenta teníamos una ilusión casi revolucionaria tras la muerte de

Franco que ya se ha desmoronado. Lo que ha triunfado es el neocapitalismo, al igual que en Estados Unidos y en todo el mundo. Yo viví y escribí sobre esa época que se ha pasado y se ha vuelto a la rutina. La gente ha perdido las ideologías, se ha desengañado del socialismo y se ha pasado a la derecha, que no tiene más ideología que el dinero. Estamos en un momento cómodo pero aburrido, ya no hay grandes ideales ni novedades.

Es un libro muy heterodoxo en cuanto a los géneros literarios. ¿Da mayor consistencia a su literatura?

Yo lucho por romper las fórmulas tradicionales de la literatura: comedia, ensayo o drama. Cuando quiero narro, estudio o reflexiono con una libertad absoluta que no ha de perder la coherencia. Quiero que el lector siga el hilo como si de un libro de historia se tratara.

¿Toda buena novela ha de tener una pizca de poesía?

No, no es obligatorio. Puede haber novelas líricas o de prosa poética, pero no creo que sea imprescindible. Se puede hacer una novela realista, sin un átomo de poesía, aunque yo prefiero la novela lírica.

Por su ebullición y dinamismo, ¿es la transición una época muy novelable?

Sí, toda época histórica es muy novelable. Habiendo una transición tan fuerte como supone pasar de una dictadura de cuarenta años a una democracia que ha sido de las más libres y abiertas de Europa es muy digno. Yo trato de estudiar ese milagro que ocurrió sin violencia.

Hace semblanzas de varios políticos. ¿Son buenos personajes literarios?

Todo político es un buen personaje literario porque hace una vida distinta de la de otros. El hombre que tiene poderes fácticos, aunque sea un señor de gris, es el último hombre épico. Yo escribo sobre ellos porque nunca son vulgares.

¿Se valió el franquismo de mediocres?

El franquismo se valió de muchos mediocres porque son más sumisos que los hombres de talento, y Franco buscaba obediencia ciega.

Recientemente ha escrito que Rodríguez Zapatero es un mal sucedáneo de González

Zapatero es muy joven para la política, no se le puede negar nada… Todavía puede hacer muchas cosas. Hay asuntos de él que no me gustan, pero no creo que por eso se le deba retirar el crédito porque está aprendiendo.

Se le ve muy displicente con Internet. ¿Teme que se rompa el vínculo íntimo entre el escritor y el lector?

Yo pertenezco a la última generación del libro, y lo nuevo no me interesa, aunque no lo niego. No creo que este vínculo se rompa porque es muy verdadero y natural.

¿Se siente heredero del periodismo literario de Larra?

Sí, pero también de columnistas norteamericanos e ingleses. Me siento heredero del columnismo de Occidente, de esa tradición que en Francia ya viene de Baudelaire.

¿Figura entre sus principios literarios la transgresión?

Sí, la transgresión siempre es buena y saludable, aunque solo sea por molestar.

Manuel Vázquez Montalbán:
«Todavía hay un Fidel Castro por descubrir»

*«En Cuba se vulneran ciertos derechos humanos,
como el de la libertad de información, pero se cumplen otros»*

POCO ANTES de la visita del papa a La Habana, Manuel Vázquez Montalbán fue a Cuba con el propósito de vivir *in situ* el clímax que se respiraba ante la llegada del Pontífice y apreciar tal acontecimiento histórico. El resultado se llama *Y Dios entró en La Habana*, un libro que indaga pormenorizadamente en la historia del país cubano desde que Castro proclamó la revolución hasta nuestros días. Montalbán, viajero incansable y experto conocedor de las entretelas políticas, utiliza la ironía y el sentido de la observación como mejores herramientas para analizar la realidad.

¿Qué pretende decir sobre Cuba con un título tan llamativo?
La historia de Cuba desde la revolución hasta nuestros días, desde la entrada de Castro triunfante en La Habana hasta la visita del papa. La llegada del papa a La Habana coincide con uno de los peores momentos de la revolución y con una gran pérdida de creyentes en toda América y países poscomunistas, como Polonia. Si los cristianos creen en un Dios cuya representación terrenal es el papa, Castro es el único representante del socialismo real en la Tierra. Este encuentro ha beneficiado a dos líderes de dos mundos opuestos y supone la antítesis de la visita de un filósofo existencialista como Sartre al comienzo de la revolución.

¿Cómo ha gestado el libro dentro de la propia Cuba?

En la visita del papa no solo tenían esperanzas los creyentes en la isla había un ambiente de expectación y atención en el que me he fijado mucho. He conversado con gente muy heterogénea: partidarios de Castro, jerarquías eclesiásticas, políticos españoles o Rigoberta Menchú. En aquellos días se tenía una conciencia colectiva de que algo importante iba a suceder. Además, en el libro he querido que apareciera mi correspondencia con el subcomandante Marcos, otro personaje fundamental de este fin de siglo que lidera la última revolución justa de este milenio, su figura se ha ensamblado a la de Castro.

¿Hay una Cuba oficial y otra que está en la calle?

Sí, una cosa es lo que el Gobierno difunde por medio de sus medios de comunicación y sus organismos oficiales con su exaltación revolucionaria y otra el ambiente de las calles. Pero esta diferencia entre el país oficial y real está en todo el mundo, no solo está en Cuba.

¿Qué hay de cierto en el magnetismo de Castro?

Castro se suele mostrar amable y educado, mucha gente extranjera que lo conoce por primera vez queda impresionada porque es un maestro de las relaciones públicas, eso que en Francia llaman *savoir faire*. En cuanto a su pragmática personalidad, creo que, a pesar de todo lo que se ha escrito sobre él y sus interminables discursos públicos, todavía no se ha visto su rica personalidad, todavía hay un Castro por descubrir.

¿La vulneración de derechos humanos es una losa demasiado pesada para su régimen?

En Cuba se vulneran ciertos derechos humanos que creo que constituyen una democracia, este es el caso de la libertad de información. Pero también es cierto que se cumplen otros. Derechos humanos más importantes como en temas referidos a la educación o sanidad, que se vulneran impunemente en muchos otros países.

¿Hay una conducta de adhesión o rechazo por parte del turista que llega a Cuba?

Este tipo de fenómeno se daba de alguna forma al comienzo de la revolución. El turista que va a Cuba es muy ajeno a todo esto. Lo que sí busca es el mojito, el baile y demás; trae una opinión muy preconcebida. Luego está el inspector internacional que sí busca conocer la situación del país y averiguar lo máximo posible al respecto.

¿Qué ha cambiado en España con el relevo en el Ministerio de Cultura?

En cuanto a la política cultural que está haciendo el PP, creo que nada. Lo que sí espero y deseo es que este ministro tenga más cultura que su antecesora, se equivoque menos y sea solo ministro de dos ministerios. Esperanza Aguirre lo era de tres: Educación, Cultura y el desconcierto de Aranjuez.

¿Hay discriminación lingüística en Cataluña?

Tras la dictadura, con toda lógica, se inició un proceso de recuperación lingüística del catalán, que había sido totalmente desplazado por el castellano, y el castellano cedió terreno. Una vez que el catalán recuperó su puesto, se siguió a delante como si se olvidara lo anterior y se ha vuelto a discriminar una lengua, con lo que hay unos perjudicados claros. Pero toda esta historia, el que mejor la explica y con más verbigracia es Pujol, uno de sus protagonistas.

¿Tiene ya fecha de jubilación su personaje, el detective Carvalho?

Ahora lo veremos en televisión con una serie que está perfectamente adaptada y que responde mejor a su modelo que las anteriores versiones. Lo de Carvalho es un asunto al que le doy muchas vueltas, lo estudio continuamente y voy a hacer un máster sobre lo que voy a hacer con él. Una posibilidad es hacerle agente del Cesid, sería el más indicado para saber qué pasa con el tema de las transferencias y un buen espía para tener controlado a Pujol.

¿Se considera un escritor fecundo, sin género?

Procuro tener una línea de trabajo bastante continua, y voy a un género cuando me apetece. He escrito poesía, y no soy ningún especialista en el género como Valente, no pretendo especialización alguna.

La cultura de la niebla
en Roberto González-Quevedo

*Filosofía, literatura y antropología cobran vida
en su nuevo libro*

ROBERTO GONZÁLEZ-QUEVEDO ofrece en *Cuando los dioses se pierden na nublina* una rotunda muestra de los quehaceres creativos que lo han ocupado a lo largo de su vida: antropología, lingüística, filosofía y literatura. El resultado es un libro escrito en castellano y asturiano, impactante e inquietamente bello, que se documenta en el conocimiento y una recreación filosófica. Una defensa en una cuidada prosa poética de la cultura y lengua asturiana que colindan con una generosa visión de la vida, ubicada en la agraciada y agradecida Pesicia.

Roberto González-Quevedo explica así la concepción del libro, fruto de un planteamiento muy novedoso: «La idea original del libro la concebí hace mucho tiempo, casi unos cuarenta años. Quería escribir una historia apócrifa en la que Jesús hubiese nacido en nuestra zona occidental, explicando cómo las fantasías colectivas cristianas, tan interesantes simbólicamente, sustituyeron a las antiguas creencias atlánticas y célticas, con sus dioses y leyendas. Todo esto como creación literaria, no como investigación histórica». *Cuando los dioses se pierden na nublina* tiene un sentido muy metafórico, que se extiende a modo de parábola. González-Quevedo lo aprecia del siguiente modo: «Sí, es un libro muy metafórico. Y lo es en varios sentidos, porque el discurso fantástico de las concepciones colectivas del mundo es fundamentalmente metafórico y porque el propio texto es un relato en prosa poética, en el que la alegoría ocupa un lugar predominante. Además, se trata de una obra en la que el recurso a un pasado mitificado es también una metáfora del presente, de esta nuestra cultura actual, que también está en peligro de perderse».

La filosofía se extiende desde un punto de vista literario a lo largo de las páginas, como señala su autor: «Aunque el texto es puramente literario, sí es cierto que hay en él un sustrato filosófico y antropológico subyacente. La raíz filosófica y antropológica del libro está en la "Introducción", en la que explico la génesis del libro, que radica en la lectura de los textos del joven Hegel, quien abordó en sus escritos esta cuestión de la sustitución de los mitos y creencias germánicas por la nueva religión de procedencia mediterránea», argumenta González-Quevedo.

Hay un tema muy presente en los libros del autor asturiano como la defensa de un modo de vida y de lenguas y culturas amenazadas: «Sí, también en esta última obra. La invención de un Jesús "pésico", es decir, nacido en el Belén del Occidente, se hace desde la tendencia moral predominante del siglo xxi, en el que, al tiempo que se impone una homogeneización de la conducta, hay una preocupación y un interés por defender las culturas minoritarias. La obra también se construye sobre esta contradicción de nuestro tiempo», apunta Roberto González-Quevedo.

Otro elemento muy presente en la literatura del autor asturiano es Pesicia, como espacio vital y territorio tanto mágico como literario, como explica el propio escritor: «En mi obra literaria el concepto y la imagen de Pesicia ocupan un lugar predominante, ya desde mis primeros escritos. A lo largo de textos diversos me he referido a su significado, a los elementos simbólicos que la constituyen, a su fantasía y a su literatura. A pesar de sobrevivir en valles agrestes y en un territorio muy fragmentado por las montañas, la cultura pésica tiene una sorprendente unidad». Roberto González-Quevedo la sitúa así geográfica y sentimentalmente: «Pesicia es un universo cultural y lingüístico que coincide con la extensísima zona occidental, entre la franja eonaviega y la parte central astur. Es un territorio cada vez más pobre y despoblado, pero único y excelente en cuanto a su poder de creatividad y de fantasía. Sin embargo quiero destacar que Pesicia no es un territorio administrativo ni político, sino una voluntad literaria y emocional. Allí se creó a lo largo de los siglos una cultura y una forma de sentir y pensar que queremos que continúe».

Cuando los dioses se pierden na nublina tiene una extensa introducción en castellano, algo muy novedoso para un autor en *llingua* asturiana: «El libro tiene una introducción muy amplia. Es muy extensa porque el libro es atípico y me parecía imprescindible explicar su motivación y su finalidad. Está escrita en castellano porque así comencé a escribirla hace muchos años y ahora, al llegar la hora de completarla y revisarla, me parecía artificioso traducirla».

Luis Landero:
«La enfermedad de la sociedad
es la envidia al éxito fácil»

*«Para escribir de algo no hay por qué haberlo vivido antes,
la imaginación es más fuerte que cualquier realidad»*

EL ESCRITOR Luis Landero tuvo durante su juventud un perfecto dominio de las seis cuerdas de la guitarra, que se convirtió en un instrumento ideal para ganarse la vida y vivir aventuras. Ahora, presenta su novela *El guitarrista*, en la que un joven se desvive por conseguir salir de una tediosa vida como aprendiz de mecánico.

Las propias leyes naturales, condicionantes de todo arte y amor, se interpondrán en su vida, se entrecruzarán en sus aspiraciones. El protagonista escuchará atentamente consejos como: «El arte es sagrado y dura hasta la muerte».

Usted ha sido profesional de la guitarra mediante el flamenco, ¿le da ello al libro connotaciones de realidad frente a quien escribe con distanciamiento?

No creo. Aunque he vivido este mundo muy dentro, dentro, creo que esta historia tiene mucha vida propia. Considero que para escribir de algo no hay por qué haberlo vivido antes, la imaginación del escritor es más fuerte que cualquier realidad. El componente de ficción está muy presente en muchos escritores que han contado historias grandiosas, que no han vivido. Por ejemplo, Cortázar se distanció de la vida bohemia que retrata, no fue tan bohemio como la gente puede pensar al leer sus obras.

¿Sin convicción no hay artista?

En la vida es fundamental el querer ser, ese deseo es decisivo para todo. Sirve para superar cualquier obstáculo sin desmayarse. Emilio, el protagonista, quiere ser guitarrista y se prepara para ello, pero le falta la condición natural para serlo.

Para ser artista hay que tener cierta predisposición que solo da la naturaleza. Todo forma parte de ese mismo misterio innato natural. Aunque se trabaje y haya mucha voluntad, para poeta no vale cualquiera.

¿Cómo se adquiere un sello propio?

La individualidad es indispensable por muchas influencias que se tengan. Aunque parezca imposible, como se ha dicho tantas veces, hay que intentar expresar lo que nadie ha expresado antes. La literatura y la música son artes jóvenes, afectan al alma.

¿Ahora los artistas están más prefabricados que antes?

Antes, a los artistas se les encauzaba mucho mejor y se escuchaba a unos maestros que sabían cómo orientar a cada uno con sus cualidades. El artista estaba muy inmerso en la sociedad. Lo del artista más prefabricado en su condición más comercial llega con esta demanda de fiebre del éxito de esta sociedad tan complicada y tan darwiniana en la que vivimos. Antes, la gente quería aprender más, el arte era más artesanal. Una enfermedad de la sociedad es esa envidia al éxito fácil tan televisivo.

¿Se comete actualmente un pecado de envidia entre los propios escritores?

La envidia forma parte de la condición humana, ha estado con el hombre a lo largo de la historia y en nuestra sociedad más que nunca. Es bueno que haya ciertas disconformidades, pero yo vivo muy ajeno a las polémicas entre escritores. Habría que preguntar a los que están inmersos en ella, como en el caso de la poesía, que espero vuelva a vivir un buen momento.

Almudena Grandes:
«Me gusta remover la trastienda del pasado de mis personajes»

ALMUDENA GRANDES presenta su última novela *Atlas de geografía humana*. Es la historia de cuatro mujeres que confeccionan conjuntamente un atlas e intercambian nostalgias, ilusiones y temores. La escritora madrileña, autora de novelas de éxito como *Malena es un nombre de tango* y *Las edades de Lulú*, afronta un nuevo reto con esta obra que ha empezado ya a ganarse lectores.

¿Qué tienen frente a ellas las cuatro mujeres de *Atlas de geografía humana*?

La urgencia de coger las riendas de su vida. Son mujeres que no quieren estar más en el limbo. Rondan la cuarentena, una edad en la que la indiferencia ya no sirve de nada, son conscientes de que deben de ser decididas porque el tiempo se les va.

¿Son mujeres atadas a su trabajo dentro de una gran urbe?

He tenido que escribir sobre mujeres que como yo son independientes, porque es indudable que la integración social de la mujer parte de la independencia económica. Además, yo he trabajado en una editorial, y conozco ese entorno, lo que me ha facilitado el trabajo.

Sus personajes tienden a mirar retrospectivamente la niñez y la adolescencia

Realmente es lo que más me interesa de ellos, porque es lo que los llega a constituir y los hace como seres humanos. Toda persona tiene una historia detrás que la ha marcado, sobre todo en los años de la infancia en los que se tienen primeras impresiones y se asimilan muchas cosas. Para conocer una persona hay que saber cómo han sido esas etapas de su vida, con mis personajes pasa lo mismo, remuevo la trastienda de su pasado; es igual que en los últimos momentos de *Ciudadano Kane*, en los que después de todo se aprecia el niño que fue el protagonista.

¿Le interesa destacar la psicología entre sus personajes?

Sí. En mis personajes quiero conocer la relevancia de cualquier acto que pueda parecer menor o insignificante, dan respuestas a unas preguntas determinadas y luego se hacen otras películas; es un círculo vicioso. Soy una lectora fiel y constante de las novelas del siglo XIX, en las que se mima mucho ese aspecto. Cuido especialmente esto porque no creo en los grandes actos heroicos humanos, lo que hace a la gente son las pequeñas cosas, ese trozo de nosotros que a veces, no se ve.

Ha tardado cuatro años en escribir la novela, ¿La ha reelaborado mucho?

Pues durante todo este tiempo ha habido de todo: mudanzas, nueva pareja y el nacimiento de una niña. Es indudable que estos hechos han repercutido en la novela, porque de una forma u otra, los personajes han vivido conmigo estos hechos. Todo esto es muy palpable en una novela de personajes, a diferencia de otras en las que buscas un final o una resolución clave para la historia.

En su literatura hay muchos componentes de su mitomanía personal

Es que yo soy muy mitómana, creo que no solo es necesaria para escribir, sino también para vivir. La mitomanía nace de los sueños, por eso creo que todos necesitamos nuestro mundo. La buena literatura siempre parte de esa dinámica, tanto por su fabulación como por su realidad.

¿Se identifica con el costumbrismo madrileño?

Mi vida siempre ha estado muy ligada a Madrid y me siento muy madrileña; se me hace imposible replantearme mi vida en un sitio que no sea aquí. Creo que Madrid es una ciudad muy maltratada por los propios madrileños. Barcelona y Sevilla son ciudades muy queridas por sus propios habitantes; aquí ese tipo de orgullo no se da. Sin embargo, todo el mundo dice que se quiere ir, pero nunca se va. Madrid ha sido fuente de multitud de novelas, en mi caso intento recrear sus ambientes y personajes. Madrid siempre me ha inspirado, mantenemos una historia de amor indestructible, de las que nunca mueren.

¿Los éxitos anteriores son un peso a la hora de escribir?

No, de ningún modo. Yo a la hora de empezar a escribir me concentro por completo, la novela me absorbe y no tengo en la mente si va a vender mucho o poco. Cualquier escritor ha tenido un batacazo. A mí me ocurrió esto con el segundo libro después de *Las edades de Lulú*, y luego con *Malena es un nombre de tango*, volví a recuperar la aceptación. Un escritor es un corredor de fondo, no un velocista de cien metros; lo que sirve es llegar a los últimos kilómetros con fuerza, no importa si ocupas el primer lugar en el kilómetro once. Yo ya me la «pegué», ahora sigo con este libro porque lo que quiero es construir un universo propio, lo que resulta muy costoso.

¿Cómo ha recibido la concesión del Nobel a José Saramago?

Ha sido estupendo, es el Nobel mejor dado de los últimos años; los anteriores ganadores no me gustaban demasiado. Este año el premio ha hecho merecimiento a la literatura portuguesa y a un magnífico de izquierdas. Tengo bastante trato con Pepe, de hecho presenté en Madrid su último libro, algo que creo que es para poner en el currículum de cualquier escritor.

Berta Piñán:
«Escribir poesía es un acto permanente de contención»

V OZ SÓLIDA y única en la literatura asturiana. Berta Piñán llevaba buena parte de su vida velando por la *llingua*, interiorizando los recursos de niña que luego se revuelven en poesía y, con ese universo agraz, que lo significo todo. Mujer rural y cosmopolita, local e universal, tiene el sentido innato conquistado de entender muy bien la literatura.

Una de las principales cualidades de su literatura es la expansión de la *llingua* asturiana, tanto en la temática como territorialmente, lo que queda patente en la antología poética *Cachos / Trozos*

La conciencia de escribir nuestra obra literaria en lengua asturiana era, cuando mi generación empieza a escribir y en cierto modo aún lo es ahora, una opción política. Así lo comprendimos desde el principio y así permanecimos fieles a la idea de que la normalización lingüística tenía que pasar necesariamente por el desarrollo de una literatura variada, moderna, de calidad. Una literatura que recogiera la tradición para romper con ella. Creo que mi generación, la que por lo general recibe el nombre de «Segunda Xeneración del Surdimientu» representó a finales de los ochenta y durante al menos dos décadas más, una auténtica eclosión literaria. Veníamos del mundo universitario pero, como gran parte de la población asturiana, nos habíamos criado y crecido en un contexto rural o semiurbano y aquello fue fundamental para proporcionar otro de los ingredientes esenciales de un proceso que todavía está en marcha. Por un lado, de nuestros orígenes familiares y vitales traíamos el conocimiento vivo de la lengua y también una especie de «alegría» nueva de hablar en *asturianu*, como si la lengua también representara nuestra juventud. Por otro lado, los estudios académicos y en muchos casos, filológicos, nos fueron dotando de los instrumentos necesarios para «pensar» la normalización de una manera más profunda y consciente y, en último término, el ambiente sociopolítico del momento nos aportó la conciencia política y el compromiso en la construcción de un futuro posible para la lengua asturiana.

A propósito de su último poemario *Argayu / derrumbe* es cómo está en declive el mundo rural, pero también que es una memoria que jamás debería perderse…

Argayu es un libro de madurez, un libro cocinado a lo largo de varios años que tiene mucho que ver con mis libros anteriores en cuanto al tratamiento del mundo rural que, en mi caso, como no podía ser de otra manera, se materializa concretamente en el mundo rural asturiano. Pero, en realidad, nuestros pueblos y aldeas y todo lo que la cultura rural significa en cuanto a transmisión generacional de una cultura dependiente de la tierra que se descompone, no es ajena a un proceso global occidental. Sería muy complejo y demasiado pretencioso querer analizar en unas pocas líneas la fractura del mundo rural asturiano en las últimas décadas pero es cierto que, a veces, la poesía, con su capacidad misteriosa de concentrar conocimiento y emoción, puede llegar en un breve espacio a alumbrar alguna zona oscura de la realidad. Quizás sea esto lo que ocurre con algunos poemas de este libro donde, en muchos sentidos, el mundo que conocimos, *argaya* para dejarnos al descubierto el retrato poco complaciente de una especie depredadora sin límites en la destrucción del medio natural.

Creo recordar que John Berger explicaba en el prólogo a su trilogía *Puerca tierra* que las estructuras sociales del mundo campesino (refiriéndose a Centroeuropa) son muy fuertes y por ello se resisten durante mucho tiempo al cambio. Pero también añadía que constituyen sistemas interdependientes muy rígidos, poco flexibles, de manera que cuando por fin ceden al cambio, siempre lo hacen de forma violenta, fracturándose.

En *Argayu* no hay ninguna tesis sobre la fractura del mundo rural asturiano porque sería absurdo que así fuese. Lo que quizás haya es una constatación metafórica de esa fractura, de esa imposibilidad de cambio sin destrucción.

¿Son las traducciones a diferentes lenguas un aliento tanto para la lengua asturiana como para usted?

La mayor parte de las veces, traducir es la condición de posibilidad de la lectura. No podemos plantearnos un mundo de conocimiento y de mutuo enriquecimiento cultural sin la traducción. Necesitamos la traducción porque, más allá de poder leer la producción cultural de otras lenguas y de que nos puedan leer desde ellas, la traducción nos enfrenta a la inmensidad de las culturas, nos saca de un cierto ensimismamiento endogámico y nos interpela sobre lo que estamos haciendo. La *Piedra de Rossetta*, esa lección magnífica de traducción, nos abrió el camino moderno a la interpretación de los jeroglíficos egipcios y con ello nos abrió las puertas a los misterios de toda una cultura antigua que aún no ha dejado de fascinarnos. Creo que la traducción, entendida en términos generales, es mucho más que la búsqueda de las equivalencias de una lengua en otra, sino que representa nuestra condición más humana en cuanto a especie que acumula y transmite el conocimiento.

En literatura, sin las traducciones no hubiésemos escrito casi nada porque no habríamos leído casi nada y porque, como escritoras, nuestro valor, más que individual, es un valor colectivo, la consciencia de pertenecer a una cadena de causas y consecuencias interdependientes. Creo que era en *La galaxia Gutenberg* donde su autor, McLuhan, decía que no solo escribimos para hacer posible la escritura del futuro sino también para hacer real la escritura del pasado, para hacer posible que Shakespeare haya escrito. En este sentido, las mujeres sabemos muy bien que nuestra escritura de hoy posibilita el rescate de nuestra genealogía pasada y con el *asturianu* ocurre un poco lo mismo.

Ha escrito novela y literatura infantil, con gran profusión y éxito. ¿El poeta se obliga a sí mismo a escribir en otros géneros?

Escribir poesía es un acto de permanente contención y también una relación de extrañeza con el lenguaje y con el propio proceso de creación. El poema «sucede» en algún lugar desconocido al que la mayor parte del tiempo no tenemos ni idea de cómo acceder. Creo que, de alguna manera, esto es lo que me llevó a escribir relatos cortos en el pasado, novela recientemente y, en el medio, literatura infantil. En realidad, como tantas veces se dice, nos pasamos la vida escribiendo el mismo libro y aunque reconozco que mi «pulsión» como escritora está dirigida y regida por el poema, los temas, las preocupaciones y de algún modo, «el tono», no dejan de ser los mismos en diferentes géneros. Lo que cambia sustancialmente es la relación con el lenguaje. Hace poco oí decir a la gran poeta gallega Chus Pato que un libro de poemas no tiene argumento porque la lengua del poema no coincide con la lengua con la que observamos el mundo o con la que lo conceptualizamos. En realidad, creo que el mundo que rodea todo lo que escribo, tanto en prosa como en verso, es el mismo y responde a las mismas necesidades, a las mismas preocupaciones y a las mismas constantes vitales. En todo está todo, la familia, el paso del tiempo, la memoria, el compromiso social… Un ejemplo claro son los cuentos infantiles, en los que con un fondo muchas veces rural, trato temas de trasfondo político como la migración, la adopción, las familias formadas por parejas del mismo sexo o los campos de refugiados.

¿Hay gran parte del patrimonio de Asturies que está en peligro?

Creo que lo importante es ser conscientes de que el patrimonio es una responsabilidad colectiva y que solo desde ahí podemos llegar a apreciarlo como propio y a conservarlo para las generaciones futuras.

En Asturies, como en tantos otros lugares, tenemos un riquísimo patrimonio histórico-cultural y un excepcional patrimonio natural. Preservar todo este patrimonio va a exigirnos grandes esfuerzos materiales pero también intelectuales porque en muchas ocasiones habrá que priorizar unas cosas sobre otras. Pero quiero recordar que una parte importantísima de ese patrimonio, aquello que muchas veces le proporciona coherencia y sentido porque expresa lo más íntimo de lo que somos, es precisamente la lengua. Nunca he podido entender a aquellas personas que se escandalizan porque se descuide una torre medieval de su pueblo pero les parece normal e incluso deseable que desaparezca la lengua de sus antepasados.

¿Qué le falta a la cultura asturiana para ser más reconocida universalmente?

Creo que no tenemos que esperar un reconocimiento desde afuera como una especie de juicio reparador. Lo universal y lo local no son dos conceptos que se contraponen sino que se complementan necesariamente y que, en algún sentido, responden a una misma realidad. Toda colectividad que se siente orgullosa de sí misma se proyecta hacia lo universal de forma natural. Pero sentir orgullo de nuestra cultura no debe traducirse, creo yo, en esa especie de autocomplacencia acrítica de la que tantas veces somos víctimas ni tampoco en esa falta de autoestima colectiva que también nos afecta y nos paraliza. Un pueblo, una colectividad, se siente orgullosa de sí misma cuando afianza sus derechos en la igualdad y cuando reconoce y amplía sus márgenes de tolerancia y de justicia. Desde ahí creo que es desde donde se construye una verdadera identidad colectiva. Lo universal, en este sentido, sería precisamente lo contrario a lo global, aquello que se armoniza desde la diversidad de lo pequeño.

La belleza herida en Manuel Vicent

*El escritor valenciano recrea el Madrid
de posguerra en* Ava en la noche

«MADRID ERA el farol que atraían los mosquitos», era la época cruel de la posguerra cuando Ava Gardner era un ángel ebrio y nocturno y un estudiante de cine decide aventurarse a probar suerte en la ciudad con la diva como fondo ansiado y la investigación de la ejecución por varios asesinatos cometidos de José María Jarabo; este es el resultado de *Ava en la noche*, el último libro de Manuel Vicent.

El Madrid del sabor a humo del Café Gijón y las coctelerías, con olor a coñac y cocido. El idealismo del protagonista se topa de bruces con la realidad, en sus aspiraciones de ser director de cine y ver de cerca la melena negra de la celebérrima actriz: «¿No era Ava Gardner una maldita carne venenosa en la noche del franquismo?». La comprobación de un tiempo luctuoso que perseguía la emoción: «Algunos sueños llevan dentro una carga de dinamita».

Con respecto a si muestra la novela el valor de los sueños frente a la penuria, Manuel Vicent reflexiona del siguiente modo: «Todos los sueños llevan un componente de fuga. Huir detrás de un sueño es una forma de salvación cuando la realidad es insoportable. Pienso que el dilema de Hamlet entre pelear o dormir, tal vez soñar, tiene una tercera salida, ya que el sueño es también a veces una dura pelea para conquistar una alta cota del espíritu que te hace fuerte e imbatible. El sueño como baluarte y a la vez como arma de combate».

El arte y el proceso de escritura podrían servir para aligerar la crudeza de la posguerra. Opina así el autor de *Tranvía a la Malvarrosa*: «La crudeza de la posguerra española vista desde hoy solo es un material imaginario para los escritores que no la conocieron. Quienes éramos muy niños en aquellos años de hambre y plomo sabemos que nos bastaba con un caballo de cartón, con un triciclo, con un aro y un bastón para ser felices. Y también un cuento al calor de la chimenea, una canción por la radio, un tebeo del Hombre Enmascarado emulsionados por la melancolía del tiempo pasado puede salvarnos todavía hoy del abismo. Un momento de felicidad puede justificar una vida entera. De hecho, en la historia de la humanidad solo el arte y la literatura han quedado en pie. Las ruinas son lo más estético de la memoria».

La novela, repleta de referencias cinematográficas y literarias, como muestra el protagonista, lleva implícita una mitomanía que también sirve para resistir: «Los héroes son superestructuras de nuestros sueños. Y solo resultan positivos cuando son inalcanzables. Cuando un sueño se cumple pierde toda su energía. El protagonista de esta novela trata de romper ese espejo que contiene el mito de la belleza de Ava Gardner. Es importante que la persecución de ese sueño se produzca siempre de noche en el laberinto de la ciudad, porque la oscuridad es el elemento primordial que todo lo hace irreal y posible. La Ava Gardner de esta novela sería inimaginable a la luz del día», explica el escritor.

La belleza de Ava Gardner no deja de ser un contrapunto con el que dimensionar la historia en que se refleja, el escritor de Castellón la observó en primera persona: «La vi una vez en el bar de copas Oliver ya en su decadencia. El alcohol había arañado su rostro, pero su belleza era irracional. Rompía todos los cánones.

Su rostro sintetizaba la pasión colectiva de un tiempo. En el fondo estaba construido por todos los deseos de poseer su belleza». El gusto por el cine es muy paralelo al de la literatura en el arte de contar una historia, con el consiguiente guiño a Berlanga y *El verdugo*: «Para mi generación de niños de posguerra el cine era el caballo de cartón en el que cabalgábamos. la pantalla era la vida. El cine no había perdido del todo la magia del antiguo barracón de feria», sostiene. Manuel Vicent se dispuso así a plasmar literariamente el gris Madrid de la época: «Cuando en 1960 llegué a Madrid desde Valencia perdí el azul del mar y apuré hasta sus heces el color hormiga de esta ciudad donde los escritores en ciernes acudían como mosquitos a un farol, aunque este farol estuviera sucio. Dentro de la miseria moral de aquella dictadura los espacios de luz eran sobre todo los grandes cartelones que cubrían casi toda la fachada de los cines de la Gran Vía. Los peatones discurrían por la acera llevando a cuestas toda la miseria, levantaban la mirada hacia las estrellas que en este caso eran las actrices de Hollywood entre besos y revólveres».

Ante los azotes de esta pandemia que nos azota, Vicent siempre ha reivindicado a los clásicos y volver a la esencia de la palabra como fuente de sabiduría: «Los presocráticos son curativos, los líricos griegos también sirven de vacuna y al final de todas las epidemias siempre nos quedará Platón. Y si un día cualquier virus acaba con la humanidad siempre quedará alguien que en la corteza de un árbol grabe un signo extraño por donde la historia volverá a comenzar», explica. En estos tiempos de amenaza al periodismo y banalidad, quizás es más apremiante que nunca el columnismo literario, según Vicent: «Lo apremiante es el imperativo categórico, que cada uno cumpla con su deber simplemente por ser su deber. El trabajo bien hecho, esa es la única moral. El periodismo literario es un género genuinamente español. En mi caso el deber consiste en escribir un buen artículo que sirva para algo».

La llave poética de García Montero

A puerta cerrada *es el nuevo libro del escritor andaluz*

UNA VOZ reconocible e inconfundible en la poesía española contemporánea es la de Luis García Montero (Granada, 1958). Poemas suyos ya forman parte de la memoria colectiva como una buena canción aprendida en una tarde de lluvia. Vuelve García Montero a la poesía con *A puerta cerrada* para volver a erigir los sentimientos del «Yo» solidificando el magma del «Nosotros». Poemas que se miran en el cristal roto del tiempo, que miran de frente a la sombría realidad que azota la realidad. De nuevo la historia íntima y colectiva que se abren con la llave de los versos. La constancia y militancia de un argumento y discurso.

Uno de los versos del libro parece golpear el interior y sostiene que «Todo lo que te une a la palabra yo es ahora un peligro», quizás como altavoz de protesta frente al egoísmo y falta de valores que tantas puertas han cerrado, según el escritor: «Le pedí el título a Jean-Paul Sartre. En su obra de teatro *A puerta cerrada*, los personajes descubren que están muertos y en el infierno. Uno de ellos dice esas palabras famosas de que el infierno son los otros. Los poetas hacemos ejercicios de conciencia, sabemos que existen procesos vitales de interiorización. Los estados de ánimo suelen ser una lectura íntima de la realidad. Así que si el infierno son los otros, ese infierno está también en nosotros. La crisis que plantea el libro, el diálogo con la decepción, el fracaso de muchas ilusiones colectivas, la degradación de la convivencia y la democracia, la desigualdad económica, tiene consecuencias en la intimidad. Me encierro conmigo y me considero también responsable de lo que ocurre. Es la forma de buscar también una posible superación en el mundo de mi propia intimidad. Somos muy dados a dar sermones y a gritar contra los demás, pero casi nadie hace ejercicio de conciencia y busca las propias responsabilidades.

Casi nadie se enfrenta a sus mentiras, a sus deseos de engañarse, a su complicidad con la injusticia. La poesía está ahí para recordarnos nuestro compromiso con la verdad».

«Dentro de este poema pasa un lobo/ que deja sus pisadas en la nieve» rezan unos versos de Fernando Valverde, que sirven a García Montero para ilustrar el libro con una metáfora significativa que hiela a veces como un puñal que atraviesa el libro, según explica: «Lo normal en una situación de crisis es que haya reacciones de indignación, de cólera. Uno lee los periódicos, escucha la radio, ve la televisión y puede llegar a indignarse, a tener ganas de morder. Son los motivos de lobo que abordó Rubén Darío en un poema memorable. Por eso hay un lobo que cruza las páginas de *A puerta cerrada* y que es una encarnación de mis reacciones ante lo que me parece injusto. El lobo ajusta cuentas con políticos, directores de banco, ejecutivos, padres de la patria, y se vuelve también a mí para preguntarme por el sentido de la poesía. Precisamente es la poesía la que me invita a no caer en la cólera irracional y a buscar un abrazo sereno con la vida. A través de ella intento abrir una ventana para buscar la luz en el espacio cerrado. En la memoria hay motivos para la desconfianza, pero también para el amor y la belleza. Desde ahí se quiere responder. Advertir sobre los colmillos de la realidad está bien, pero sin olvidar la necesidad de un beso».

Conocer la obra de Luis García Montero es, a la par, conocer su vida, una poesía que no se deslinda del factor biográfico, como explica su autor: «Creo que en toda literatura está presente la experiencia de la vida de un autor, me atrevo a decir que toda literatura es biográfica. Pero eso no significa confundir un libro de creación literaria con un acta notarial o con el informe de un historiador. La literatura utiliza la ficción para darle un sentido más profundo a las anécdotas personales, y ese es el reto del arte, llegar a profundizar más allá de un individuo concreto en todo un tiempo histórico y, a través de él, en la condición humana. En este libro parto del modo en el que he vivido la crisis, que no es solo económica. Me pregunto, ¿qué hace un poeta en la era de la posverdad? Me alimento de lo que veo a mi alrededor y dentro de mí, pero igual que yo habito en un libro de un novelista o un poeta o un ensayista. Me interesa el conocimiento de la historia humana. La idea del tiempo que se nos ha impuesto es la del consumo, el tiempo como mercancía, objeto de usar y tirar, una prisa que borra lo sucedido a cada instante. Frente a eso, la literatura busca una dimensión lírica y narrativa del tiempo, una existencia con memoria, un relato que va y viene del yo al nosotros como del pasado al presente».

Ahondando en todo ello *A puerta cerrada* es el libro de García Montero donde más notable es el paso del tiempo, una huella remarcada e ineludible, que él describe así: «Voy a cumplir 60 años, ya hay más vida en mis espaldas que en mi futuro. A partir de cierta edad, lo importante no es solo la conciencia de que ha pasado el tiempo, sino de que ha pasado la historia. La realidad cambia, el mundo que nos hizo se deshace, mucha gente tiene ya otra educación, otros valores. El presente se convierte así en un tiempo que debe buscar la coherencia. Más que sostener grandes novedades, un poeta de cierta edad necesita no repetirse, huir de la receta, buscar una verdad necesaria. Y la tarea de un hombre mayor es evitar convertirse en un cascarrabias, esforzarse en mantener abiertos los ojos para el mundo de los jóvenes. Si la memoria recuerda sueños perdidos, permite reconocer los fundamentos de una vida. Una de las grandes desgracias en las que vivimos es la falta de diálogo generacional. Me incomodan los jóvenes que piensan con una ingenuidad adánica que se lo están inventando todo, sin nada que aprender de sus mayores. Pero más peligrosa es la gente de mi edad que cree que los jóvenes son tontos.

La escritura siempre ha sido una revitalización de tradiciones que no olvida el ayer, pero en nombre del hoy y del mañana. Hoy es siempre todavía, escribió Machado».

Es fácil sorprender a Luis García Montero con las maletas abiertas, recientemente estuvo en México recibiendo el Premio Ramón López Velarde, pero Granada y Madrid son dos puntos cardinales claves en su vida y obra, dos ciudades que albergan calidez literaria; unidas al trasiego de los viajes, aparecen muy presentes en su nuevo libro ya que «A la hora de meditar sobre la historia y el tiempo aparece inevitable la ciudad. La verdad es que la ciudad es ahora el gran testimonio de la experiencia humana. Los poetas contemporáneos somos herederos de Baudelaire. La ciudad nos hace, se deshace, cambia, nos convierte en extranjeros de nuestra propia tierra. Yo camino ahora por Granada y las ausencias tienen tanto peso, incluso más, que las presencias. Ya me pasa lo mismo con Madrid, después de tantos años viviendo allí. La ciudad es una alegoría, un testimonio del tiempo. No solo hay ladrillos, hay también melancolías, sueños rotos, huellas del amor, esas cosas que le dan sentido humano a una existencia. Cuando en una situación de crisis y de fragilidad hay que buscar puntos de apoyo, pienso en ciudades en las que puedo reencontrarme con una versión digna de mi personalidad. Ahí están mis ciudades, Madrid y Granada, claro, pero también otras como Buenos Aires. Recuerdo mis ciudades igual que recuerdo mis poemas preferidos, buscando un olvidado sabor a mí mismo».

El anterior libro de poemas del escritor fue *Balada para la muerte de la poesía*, una defensa a ultranza de la poesía ante una sociedad que parece haber perdido la fe en las palabras, el regreso eterno del verso como un renacer del sentir: «Después de muchos años hablando y oyendo de la crisis de la poesía, de que son malos tiempos para la lírica, de que la poesía ha muerto, quise escribir una balada sobre la muerte de la poesía para ver qué me ocurría a mí, si de verdad viese un día en la televisión el cadáver de la poesía.

Es fácil hablar de la muerte de la poesía porque vivimos en una sociedad de mentiras, consignas, manipulaciones, telebasura, y además todo está mercantilizado, se borra la memoria, hay nuevas formas de analfabetismo. Pero llegué a la conclusión de que si la poesía muriese habría de renacer al día siguiente, porque su ausencia significaría algo más que la muerte de un género literario. Hablamos de la muerte de la poesía para aludir a los peligros que sufre la dignidad humana, y son muchos, pero también hay capacidad de resistencia, deseos de honestidad, ganas de hacer el bien, ilusiones colectivas. No soy partidario de la renuncia. Uno de mis amigos más íntimos, uno de mis maestros, Ángel González, publicó en tiempos muy difíciles un libro titulado *Sin esperanza, con convencimiento*. Creo que no hay que tener esperanzas, aunque ayudan, para defender con convencimiento algunos de los valores que encarna la poesía».

Recientemente el poeta andaluz publicó el ensayo *Un lector llamado García Lorca*, que añade poderosa información para complementar la semblanza del granadino universal. García Montero reivindica la memoria de Lorca, como él mismo afirma: «Descubrí la poesía en la biblioteca de mis padres, en los años sesenta, con *Las mil mejores poesías de la lengua española*, una antología de Bergua, y con las *Obras* de García Lorca en la colección Aguilar. Las bibliotecas familiares, las conversaciones en la cocina o en el comedor, nos van educando, nos hacen. Salí en la adolescencia a Granada para buscar la ciudad en la que había vivido y había muerto Federico García Lorca. Todo estaba lleno de secretos, fue mi primera alegoría. Si hoy paseo por lugares llenos de ausencia, y reconozco esas ausencias íntimas, es porque antes aprendí a reconocer las ausencias de otros, de García Lorca, sobre todo, el poeta que simbolizaba la libertad, el poeta asesinado en mi ciudad. Yo me formé como persona leyendo sus poemas y después otros libros. Uno es buena parte aquello que ha leído. Por eso, ya como profesor de literatura, tuve la curiosidad de preguntarme qué había leído García Lorca en su época de formación, qué libros había encontrado a la hora de negociar con sus deseos de ser escritor, con las contradicciones que provocaba su homosexualidad en una ciudad de provincia al principio del siglo xx, con las ideas que lo formaron como ciudadano. Escribí el ensayo *Un lector llamado Federico García Lorca* para buscar en él esas experiencias íntimas, vividas con un libro en las manos, que nos definen a todos los que somos lectores. García Lorca es uno de los grandes poetas del siglo xx».

Bernardo Atxaga:
«Hay palabras que quedan como cáscaras de insectos»

LOS SENTIMIENTOS aparecen como guía inexorable en *El hijo del acordeonista*, última novela del escritor vasco *Bernardo Atxaga*, seudónimo de Joseba Irazu. Atxaga proyecta el mundo interior de unos personajes, como sucede en otros libros suyos, en medio de la guerra civil española o los atentados de ETA. Con esta novela cierra el ciclo que inició con su célebre *Obabakoak*, que le valió el reconocimiento como mejor escritor en lengua vasca.

¿Es *El hijo del acordeonista* una muestra del triunfo de las relaciones humanas sobre la política?

En el libro se entrelazan como misma materia la vida íntima y pública de los personajes. En la novela cuento la vida de las personas con todo intrincado. Me interesa contar la justificación de los actos. Triunfo de las relaciones humanas me parece mucho decir. Pero valoro más la vida privada e íntima de las personas que no solo lo saldrá en los periódicos.

La novela trata temas universales como el amor, la amistad y la muerte, muy presentes en la literatura universal, ¿cómo ha intentado tratarlos conservando la originalidad?

Afortunadamente lo universal solo se manifiesta como particular, aunque generalmente se plantea una dicotomía como dos polos opuestos. Creo que si no fuéramos tan vagos repitiendo frases hechas se evitaría esa polémica. La literatura ha de entrar en el terreno de lo particular, en los detalles está la base de la originalidad. Lo universal se da por añadidura. Lo que no transmite esa particularidad pierde efectivismo.

Con esa novela cierra el mundo de Obaba, ¿resulta una pérdida entre el trauma y la melancolía?

Mentalmente para situarme en el mundo hago una composición de lugar y tengo una docena de metáforas básicas. Una de ellas es la veta, fundamental en el mundo de Obaba y tan propio de las minas. No la pensé en contra de versiones de escritores que leía como Baroja. Ese mundo de Obaba que recreo lo he vivido por ser hijo de maestra rural y estar mi abuelo al cargo de una central eléctrica: siendo niños íbamos a encarar la muerte, el matrimonio o la amistad. Me pareció que no estaba lo suficientemente contado en los libros y decidí empezar a escribir sobre ese tema. Esa veta ha durado en mí veinticinco años, ahora se ha acabado al considerar que a partir de los cincuenta años se mira atrás y también se observa que queda un pedazo de vida con una melancolía enorme. El mundo que viví ha terminado y ello tiene también un componente de alegría y liberación porque ese mundo ha sido terrible y ha estado lleno de terribles asesinatos de inocentes.

Con la pérdida de ese mundo rural se pierden palabras antiquísimas de gran riqueza, ¿asistimos a un tiempo de empobrecimiento del lenguaje?

No iría tan lejos. Robert Graves decía que la poesía se daba mejor en los lugares en que el campesinado era población dominante. Todavía hoy tengo en los viajes una impresión de que el don de la palabra lo tienen las personas rurales. De cualquier modo pienso que algo ha sucedido con el lenguaje, basta hablar con profesores de universidad, se debería hacer un garabato con la redondez de la teoría que propone. Es pronto para asegurar ese empobrecimiento de la lengua, la pregunta debe seguir ahí. El cambio de lenguaje indica cambio de vida. Hay palabras que quedan como cáscaras de insectos, sin nada alrededor.

Usted es un escritor que bucea con los sentimientos de sus personajes, ¿es un intento de conseguir la perfección?

La exactitud es muy importante en la literatura. El misterio está en la complejidad de la vida, la realidad es inabarcable. Una obra literaria es más bella cuando más exactitud tiene. Ha de provocar una sensación en el lector de «sí, es así».

Escribe originalmente en vasco y es traducido a multitud de idiomas en todo el mundo, ¿ya no hay barreras como antaño para la difusión de escritores en lenguas minoritarias?

Es completamente cierto, cuando hace veinticinco años no era así. Las grandes lenguas son integristas, defendidas por millones de personas y euros. Pero actualmente hacer un itinerario literario en una lengua minoritaria puede tener un tramo inicial más fácil al encontrar un primer eco en su tierra.

Ha tratado el tema de la violencia y asesinatos en Euskadi en otras novelas también como *El hombre solo* o *Esos cielos*, ¿es la literatura un rearme moral?

El sentido de una obra está fuera de ella. Una obra artística debe tener un sentido fuerte para que el mundo se aproxime a la verdad. Ese es un requisito esencial ya tenga una razón moral o política de fondo. Esto no solo es una regla literaria sino que se muestra en otras artes: un cuadro que no tiene ese sentido del que hablo acaba siendo decorativo o de consumo. Las obras que perduran poseen ese motivo poderoso como las de Chillida o Dalí.

¿Se ve ahora alguna luz para la paz definitiva en Euskadi?

Ahora se ve un final, no sé si será luminoso como muchos queremos y esperamos el final de una violencia que tenía que haber acabado hace ya veinte años. Se debe cuadrar bien y que no sea un final defectuoso con muchas sombras. En el último mitin de Batasuna parece que ellos mismos han apreciado ese final. Ojalá todos los políticos y la gente que está ahí delante puedan ejecutar bien y se consiga la paz.

Montxo Armendáriz va a llevar al cine *Obabakoak*, ¿es usted de los escritores que se implican en la adaptación cinematográfica de la obra?

En ese sentido soy de esos escritores perezosos, no soy dueño del sentido del libro. El mundo del cine no es el mío y confío en la talla de un director como Montxo Armendáriz. Estuve observando parte del rodaje y nevó como deseaba Armendáriz.

Xuan Bello:
«Escribo para que el asturiano no muera»

XUAN BELLO tiene su arcadia feliz en Caces, como en su día lo fue Paniceiros. Los rayos de sol en la frente aportan la claridad del día que se expande, saluda a los vecinos con delectación en la terraza del Bar Eluterio. Puede presumir de gran conversador y de sacar jugo a las palabras. Toma un vaso de vino, respira y se concentra: toca hablar de poesía.

Sus primeros poemas en asturiano fueron como explorar caminos

No necesariamente, son versos de adolescente con todo su complejo trauma. Reflexionaba sobre el yo y el nosotros en una perspectiva social; tiene poca pericia. Dos cuestiones puntuales al respecto: la adolescencia de Juan Ramón Jiménez dura toda la vida y en Blas de Otero está muy tratado el yo existencial y el yo solo.

No se podría apelar a su literatura sin la memoria…

Desde la memoria te asomas a una ventana desde donde ves la importancia de la experiencia. Transformar la memoria es un trabajo de ficción. Decía Poncela que solo se acordaba de las mentiras. Todos fabulamos sobre el pasado.

¿Paniceiros ha sido territorio real y mítico?

Aprecio si solo hay diferencia entre el Paniceiros real y el mítico. Siempre me sentí un escritor realista para definir mi obra, de ahí viene la preocupación social. Aprendí la forma de ver la vida distinta de lo urbano. Ni superior ni inferior. Nunca busqué la sorpresa: escribo para una lengua que hablan cuatro gatos y escriben dos. No busqué la fama, pero me permitió conocer otros escritores y mundos. No soy autor de una novela, tampoco me sometí a lo que pedían las editoriales. Un escritor tiene que saber para quién escribe. Escribo para el pueblo y para que el asturiano no muera. La batalla está perdida, pero es así.

Una vez manifestó que escribir en prosa era como andar en bicicleta…

Cierto, en verso es más jodido. En prosa me gustan los relatos cortos, no los microrrelatos, que me parecen una solemne idiotez; solo lo hacía bien Carmela Greciet. Tengo tendencia a la condensación. No sé hacer novela policiaca, aunque una vez escribí una. Mi forma de soñar por ahí es la fantasía, no la ciencia ficción.

Siempre fue un escritor de tendencia viajera

El principal problema de Asturies, tanto en la música como en la pintura, es que los montes estaban cerrados. Poca gente salía de las fronteras. Tenía esa necesidad y me fui a Portugal en tren. Conocí allí la Generación de los 50, que ellos llamaban los 40. En los años ochenta conocíamos poco de la tradición asturiana que estaba como oculta; no solo con Fernán-Coronas, sino también con el barroquismo de la pintura asturiana. En la universidad y en los medios la lengua asturiana no tenía tradición literaria. Cesare Pavese hablaba de buscar la tradición cuando no lo había. Nosotros salimos a buscarla. Fueron fundamentales la italiana, inglesa y la de Inglaterra. Tres poetas fueron fundamentales Carl Sandburg, Eliot y Ezra Pound. También fue muy importante para mí la tradición griega y latina. Las traducciones de Safo y Anacreonte quedaron en mí. Si tuviese ahora diecinueve años marcharía a Polonia, como Zagawesky y otros.

Un verso que leer a la sombra de un cerezal…

«Vendrá la muerte y tendrá tus ojos» de Cesare Pavese.

Antonio Gamoneda:
«En la hora de crear no hay
que tener en cuenta nada»

COMO UNA belleza herida se ha ido configurando la obra poética de Antonio Gamoneda a lo largo ya de numerosas décadas. Una línea de escritura que contempla de frente la vida con toda su mixtura de amargor y dulzura.

El poeta que quiso abrigarse del frío, que vio arder la vida como una tarde de invierno, consagró una existencia jalonada de una manera de concebir y moldear el verso. En esta conversación el Premio Cervantes, que recibió hace escasas fechas en Oviedo el Premio de las Letras honorífico de la Asociación de Escritores de Asturias, resume sus desvelos literarios a lo largo de tantos años. Antonio Gamoneda sabe de palabras y silencios, de callar para que hable con total naturaleza el poema: «Una pasión fría endurece mis lágrimas. Pesan las piedras en mis ojos: alguien/ me destruye o me ama».

¿Requiere la poesía una definición o es indefinible en sí misma?
No es necesaria, además de ser imposible, una definición. Es una experiencia, un hecho existencial que se produce o no. Hay, con todo, algunas fascinantes aproximaciones que nos dicen mucho de algún aspecto esencial, aunque no sean propiamente definiciones. Por ejemplo, Juan de Yepes, es decir San Juan de la Cruz: «un no saber sabiendo. O yo mismo (sin fascinación, claro): un pensamiento impensado que no procede de reflexión o proyectos previos, sino que es generado rítmicamente por desconocidos mecanismos cerebrales, y que puede sorprender al propio poeta.

¿Son la Guerra Civil y la consiguiente posguerra una marca «de fuego» ineludible en sus inicios poéticos?

Sí, ciertamente, para aquellos que las hayan vivido (insisto: vivido) en modo pleno y consciente (tan consciente como les ha permitido su edad), y no solo para los inicios poéticos, sino para siempre. Porque se modificaron su conciencia y su sensibilidad y estas son partes de su naturaleza. No hay, pues, posibilidad de olvido.

¿Consiguió liberarse de toda esa pesada carga con libros como *Arden las pérdidas* o *Canción errónea*?

Estos o cualquier otro (quizás *Descripción de la mentira*) suponen, son, lo sepa el poeta, o no, un «movimiento» de liberación. Pero la liberación es parcial y momentánea; se ha objetivado un impulso subjetivo, solo un impulso. La subjetividad permanece «ocupada», consciente e inconscientemente, por la causa que motivó el impulso y, probablemente, volverá a suscitarlo.

¿Un poema puede justificar y resumir la existencia?

Es improbable. En todo caso, nunca para el propio poeta. Algunos, pocos, grandes poetas, a lo largo de la Historia, nos parece que lo han hecho, pero no: se trata de una hipérbole suscitada por nuestra admiración.

Ha sido uno de los testigos y participantes privilegiados del esplendor poético español del siglo XX, ¿qué recuerdos guarda del mismo y de sus coetáneos?

Testigo, no mucho; participante, nada en absoluto. En el siglo XX yo no he sido más que un poeta provinciano (quisiera seguir siéndolo, se escribe mejor menos condicionado), muy estimado por una minoría e ignorado por una mayoría. Tardíos (circunstancia que me trae sin cuidado, que, aunque no haya podido halagar transitoriamente mi vanidad mi poesía no es mejor que ellos), han llegado algunos reconocimientos, puede que justificados (¿por qué ser falsa o convencionalmente humilde?), pero insisto, mi poesía, el hecho principal, no tiene más verdad ni más peso porque hayan llegado. En cuanto al esplendor, pues yo creo que no se ha dado. Sí ha habido algunos, no muchos, grandes poetas (tres, que yo recuerde, por este orden: Claudio Rodríguez, Blas de Otero y Valente; y otros que le andarán cerca en tamaño), pero esplendor… Esplendor, después de la Guerra Civil, yo creo que no. No se puede opinar sensatamente que en esos sesenta años la poesía española haya tenido tanto o más «peso», como vengo diciendo, que el que tuvo la Generación del 27, la única existente en el siglo, por mucho que algunos pretendieran o pretendan ser una «generación».

¿Hasta qué punto se han de tener en cuenta los maestros a la hora de crear?

A la «hora de crear» precisamente no. A esa «hora» no hay que tener en cuenta nada; hay que tender exclusivamente a no estorbar que fluya de nosotros lo que parece ser necesario que fluya; a no estorbar el fluido con la pretensión de ser más listos, más brillantes, etc. Luego vendrá, ha de venir, la autocrítica, la autoexigencia, la corrección convenientemente despiadada. Pero sí a cualquier otra «hora» hay que estar en profundidad con los maestros –bien elegidos, claro– dejándonos impregnar incluso por ellos.

Ha sido un autor muy vinculado a la pintura, ¿comparte este arte con la poesía la búsqueda de luz?

Luz, ¿qué luz? Bueno, quizá nos entendamos. Todas las artes, todas, persiguen el instante en que se dé, como una aparición, la conciencia, la sensación, al menos, de que ha surgido algo que sí, que para entendernos, podemos llamar «luz».

¿Está la buena poesía por encima de corrientes estilísticas y disputas estéticas?

De las corrientes estilísticas, puede que sí, y puede que no pero en cualquier caso, distinguiéndose por su particular, unitaria e individual calidad. Es, por ejemplo, el caso de Garcilaso, y otros no pocos grandes hay en el mismo. De las disputas estéticas ni por encima, que tales disputas son, simplemente, tonterías. Si a uno no le interesa pongamos, una tendencia, basta con que sea atinadamente consciente de ello. ¿Para qué disputar? Alguna vez, más bien por casualidad y si viene al caso, dice que no le interesa y olvida el asunto. Y ya está. No entenderé nunca, por ejemplo, tales disputas entre cabezas del tamaño de las de Quevedo o Góngora. Tengo que pensar que no fueron realmente por divergencia poética, sino porque les gustaba pelear.

¿El maridaje entre Asturias y León definió buena parte de su vida?
Definir, definir… No sé. Yo soy como soy y no intento ser de otra manera. Quiero a Asturias y quiero a León; veo cosas que no me gustan en Asturias y las veo en León. En León pueden decirme que soy un *babayo* y que «se me ven las orejas asturianas», y en Asturias quizás se piense que soy un «cazurro» irremediable. Bueno, pues de acuerdo; aunque unos y los otros, o quizás los dos, no tengan razón. No es problema, yo acá y allá –y en Guanajuato, y en Tokio– trato de estar con gente a la que pueda querer, o, al menos, tolerar, y que ellos puedan hacer lo mismo conmigo. Tengo enemigos, pero los ignoro y punto. Y si me equivoco alguna vez y me siento yo enemigo de alguien, pues punto, también, que sé que voy a olvidar o a meter donde no le sienta el asunto. Tampoco hay problema en esto. Otros muy distintos son los problemas con los que no puedo.

Recientemente estuvo en Oviedo recogiendo el Premio de las Letras a una carrera concedido por la Asociación de Escritores de Asturias, ¿cómo resumiría la experiencia?
Pues como grata y hasta emocionante. Ya he dicho que los premios no hacen que yo «valga» más; que pueden envanecerme transitoriamente y… Pero en este premio hay un componente especial: me lo ha dado la tierra donde nací yo y nacieron mis padres, y mis abuelos y, seguramente, los padres de mis abuelos: en Oviedo o en Luarca. Y el premio me lo han dado escritores asturianos. Es distinto, incluso y a causa de esto, de un premio que me diesen en León, mi tierra de residencia. ¿Me he explicado?

La prosa humana de Nélida Piñón

La escritora brasileña publica un diario entre la literatura y la vida

Entre la armonía y las grietas del universo, Nélida Piñón acaba de publicar *Una furtiva lágrima*, un luminoso diario. La reconocida periodista brasileña ha logrado aunar la vida individual a la colectiva, solapando también su oficio de escritora a su ejercicio de ciudadana. Brasil, España y toda Iberoamérica están muy presentes en su prosa, como puntos de partida y retorno en el mapa. La escritora brasileña, Premio Príncipe de las Letras en el 2005, hecho que fue «Uno de los momentos de mayor altitud en mi vida», sabe perfectamente del viejo parapeto de la escritura, «¿cómo defenderme de quien entra en mi salón adornado de rosas de raro fulgor y me lanza el dardo de la traición?», reza en uno de los fragmentos de *Una furtiva lágrima*. La venerable aportación de la palabra.

Una furtiva lágrima se inicia con la proclama de la intimidad compartida desde su primera página: «Mi lenguaje reverbera, tengo la memoria de todos en la psique». La primera persona, en este caso, es garantía indisoluble de tomar compañía y emprender comunicación, como Nélida Piñón reconoce: «En realidad somos seres de las cuevas y praderías, pero siempre con alguien. Uno no nació de la nada, y sigue esa tradición de reproducir el otro. Somos múltiples y vecinos siempre del otro. No se puede ser la historia de una escritora brasileña, la historia de la narrativa abarca un contingente extraordinario de personas. Yo reproduzco una realidad y la realidad me reproduce».

Una lágrima furtiva es un compendio de los hechos vividos, a lo que se suma su condición de escritora. Todo el oficio del novelista para saber volcar la intimidad, con el imprescindible nexo de unión de la literatura: «No es la historia de mi vida, pero reproduce sentimientos y momentos de verdad. Cuando hablo de sentimientos tengo la sensación que estoy incorporando a los demás a esa historia. El libro contiene reflexiones sobre las emociones y quién somos, en definitiva, sobre la historia de la humanidad. Somos herederos de una tradición milenaria», apunta la escritora de Río de Janeiro. Nélida Piñón pone el grito en el cielo con sutileza sobre temas candentes a modo de denuncia, el armazón requerido para salvarse de los naufragios: «La literatura no necesita salvar, sino hacer una llamada. La gente que lee ha de darse cuenta que sin ella no sabe su propia historia y la de sus antepasados, cómo ha sido contada. La narrativa hace el esfuerzo de que tú pases a entender que no inauguras nada, ni eres único. Prueba que no eres autosuficiente y somos parte de un repertorio extraordinario. La literatura no se salva, sino que lo hace con los demás», argumenta.

El conocimiento de la historia humana, en toda su extensión y claves, es más viable por medio de los escritores que de los historiadores, según la escritora brasileña: «No tengo ninguna duda. Los escritores van a fuentes primarias, los documentos fueron escritos por los poderosos. Las segundas clases y los pobres no tuvieron sus historias contadas, ni estuvieron presentes en los momentos compulsivos. La narrativa tiene como deber, y lo hace muy bien, contar la historia de los más humildes y de todos. Va por los caminos que los historiadores no pueden ir. Soy una enamorada de la historia, pero prefiero el relato del agobio humano hecho por los escritores».

El arte y la literatura han de tener siempre una pizca de esperanza, al menos, para afianzar su condición: «El arte tiene todo el sentido. El día que pensemos lo contrario significa que emergimos de la barbarie, será una lástima y una pérdida discriminatoria. La barbarie mata sin saber a quién y sin motivo alguno. La esperanza es diaria, tener su bebida, comida y dignidad preservada. Todo ello no está disociado con el arte y la literatura. Cuando más se tiene uno consolida su honor y pudor», concluye Nélida Piñón.

La marea íntima de Lostalé

Se reedita el emblemático libro
La estación azul *del escritor madrileño*

JAVIER LOSTALÉ (Madrid, 1942) ha visto correr mucha agua, tanto procelosa como en calma, bajo el puente de la literatura y la poesía. Tiene mucho de sabio prudente que sabe conceder el valor y el tempo preciso a las palabras y los silencios. Lostalé es, sin duda, una de las personas que más ha contribuido a la difusión de la poesía en castellano, desde espacios radiofónicos como *El ojo crítico* o *La estación azul*. Precisamente este último es el título del libro de poemas que se acaba de reeditar aumentado. *La estación azul* es la voz interior como sujeto poético admirando y paladeando el mundo, atravesando la pupila de los otros. La proclamación pública de la intimidad.

Javier Lostalé explica del siguiente modo el proceso de reedición de *La estación azul* y los cambios sustanciales de la nueva versión: «Los textos nacieron primero para su publicación en el diario *ABC*, gracias a la sensibilidad del poeta y entonces subdirector, Santiago Castelo. Posteriormente fueron incluidos como obra inédita en mi poesía reunida bajo el título de *La rosa inclinada*. Ahora, haciéndome eco de la buena acogida que tuvo entre los lectores, vuelve a ver la luz. He respetado íntegramente el contenido de la versión original, a la que he añadido los tres textos inéditos finales».

Hay en *La estación azul* una inclinación natural de volcar el interior en el exterior, un yo que cede para depositarse en los otros, así lo analiza su autor: «Se trata, como señala el poeta Jaime Siles, de "un lirismo solidario", de una salida al encuentro con los otros desde la tensión lírica del yo. Un camino que pasa por hacer que me habiten los ausentes, que "nunca cicatrizan dentro de nosotros"; por la toma de conciencia de que "todos vivimos en la frontera, a un paso de la felicidad y a otro del abandono y el desamparo"; por tomarle la temperatura a la inocencia, a las lágrimas, al beso, a la maternidad…; por sentir el pulso de la luna o de la nieve; por pronunciar la palabra renuncia entrañada en nuestra madre; por escuchar el latido del remordimiento o de la pobreza. Sí, son los otros los que respiran dentro de mí, mientras el yo se apaga para tener conciencia de cómo los otros nos van haciendo, me van construyendo».

Subyace, también, la necesidad apremiante de habitar, de tener un nombre sobre el que se sustente con entereza la historia: «El nombre, la biografía que nos prestan los demás, sobre todo el ser amado. En uno de los textos digo: "Solo quien ama tiene esta historia, y de esta forma somos profundamente lo que somos, y sin mentira buscamos la fusión con lo amado". Amor asimismo de amistad porque decir "te quiero habita la soledad más poblada que es la amistad, donde no hay despedida y siempre se espera al que nunca dejó de estar". Nuestra historia se ha ido escribiendo con lo amado: "Necesitamos el contacto de una mano para saber que somos sueño de otro ser, y que en ese sueño caben en el mismo resplandor toda nuestra ruina y grandeza". Solo el que ama tiene historia».

La estación azul está compuesto por poemas en prosa. En cuanto a las diferencias en relación al verso propiamente dicho a la hora de concebir la creación poética, se expresa así: «Únicamente en la disposición sobre el papel, en nada sustancial, por eso debemos hablar de poema en prosa, y no de prosa poética, que es otra cosa. El poema en prosa es poema tanto como la poesía convencional. Si pensamos en el autor, el acto de creación es semejante en ambos casos: el mismo voltaje de las palabras, la misma búsqueda de lo esencial, la misma tensión interior en el movimiento de la mano, el mismo transitar por la realidad yendo más allá de lo que se ve, la misma aspiración (consciente o inconsciente) de eternidad. Y si atendemos al lector, este debe leer con el grado de concentración que exige la poesía, y sentir sus efectos como si fueran relámpagos, un instante iluminador de su vida».

Entendiendo el oficio de la escritura como un viaje que se proyecta en el largo recorrido, el arduo envite de adquirir una voz propia, aferrada a un dominio del idioma y a un registro en el estilo, afirma: «Como dice Octavio Paz "lo que caracteriza al poema es su necesaria dependencia de la palabra tanto como su lucha por trascenderla". El poeta ha de conocer, por tanto, el lenguaje, la significación de las palabras mucho más rica que la indicada por los diccionarios. La poesía, dice el autor cántabro Rafael Fombellida, "está construida con la materia misma de los símbolos, es carne y tejido simbólico, es vuelo, canto, pregunta y metáfora en acción. El símbolo –afirma María Zambrano– es el lenguaje de los misterios".

Y siguiendo este camino de citas, el poeta ha de partir de un hecho señalado por el cordobés José Luis Rey, el que "la poesía es anterior al lenguaje. Los huecos del lenguaje están preparados para su advenimiento". El ritmo interior, creador de sentido, es también fundamental en el poema, y la conciencia de que dentro de él se crea una vida que solo en su cuerpo existe. Cada creador, claro, conjuga de un modo diferente estos elementos, y otros muchos, fundadores de un texto poético».

Por las sabias manos del escritor madrileño han pasado multitud de poetas de diferente tiempo y de acentuadas divergencias estilísticas, como excelente conocedor del panorama poético español en las últimas décadas, apunta lo siguiente: «La poesía evoluciona conforme evoluciona el tiempo histórico, lo que no contradice que sea única la escrita por cada poeta, de ahí que, como tantas veces se ha dicho, la clasificación por grupos o generaciones tiene un carácter meramente didáctico. Claro que hay momentos en que la conciencia social se acentúa, y ello se refleja en la creación poética; otros en que se pone el acento en el lenguaje. Tradición y vanguardia no son para mí conceptos enfrentados, sino que creo que toda verdadera vanguardia, para ser duradera, no debe prescindir del conocimiento y asimilación de la tradición: eso sí, renovada. En cuanto a las obsesiones, que yo traduciría como temas eternos, son los mismos de siempre: el amor, la muerte, el paso del tiempo…».

Javier Lostalé reflexiona del siguiente modo en cuanto a si es apremiante un impulso que revitalice el periodismo cultural: «No hablaría de horas bajas, sino quizás de no distinguir a veces la verdadera creación de lo que no es, de la necesidad de tomar conciencia de que en la información cultural es la obra lo único que importa, y no la vida del autor; que hay que huir también de todo el espectáculo que a veces acompaña a las manifestaciones culturales. Y si de haber crítica se trata, esta debe siempre dirigirse a crear apetito lector. Dicho esto existe también un periodismo cultural en distintos medios, tanto de prensa escrita como orales, de gran calidad, con nombres como los de Antonio Lucas, Javier Rodríguez Marcos y Jesús García Calero, los tres poetas. Y programas radiofónicos que son un ejemplo de rigor y de vida encarnada». Y concluye en apología del oficio reconocido y reconocible:

«El respeto y el amor al lenguaje siempre deben guiar al periodista cultural».

El dictado de la esencia de Claribel Alegría

La escritora nicaragüense publica su antología poética
en Pasos inciertos

UNA VIDA de entrega volcada en la palabra se resume en *Pasos inciertos* de Claribel Alegría (1924, Estelí, Nicaragua), una antología personal que va desde 1948 hasta el 2014, prologada por Benjamín Prado, que distingue a una voz preclara que porta el verso en forma de susurro. Claribel Alegría describe así sus primeras incursiones literarias: «Al comienzo, de pequeña y adolescente, mi poesía era muy íntima, de búsqueda a mí misma. Más tarde, ya en Chile, empecé a ver de forma irónica a los que me rodeaban y a burlarme de mí misma. Con la revolución cubana me di cuenta del sufrimiento de mis pueblos y que con la palabra podía hacer algo, pero siempre cuidándome mucho de no caer en la poesía panfletaria. Ese fue un despertar poético y político y empecé a exteriorizarme».

Posteriormente desembarcará en España y llegará la huida de la fatalidad, una constante en su vida: «Nos fuimos a vivir a Mallorca, un verdadero paraíso, pero en el que me sentía muy sola y rodeada de fantasmas por los que yo no hacía nada. El asesinato de monseñor Romero me impactó profundamente y empecé a denunciar los crímenes que se cometían en Centroamérica». En Alegría subyacerá un sentido de la justicia poética en favor del débil que paga los platos rotos de la historia: «Con mi marido, Bud Flakoll, ya habíamos escrito *Cenizas de Izalco*, una novela histórica que denunciaba la matanza de los indígenas salvadoreños durante la dictadura de Martínez en 1932.

A partir de allí utilicé la novela y escritura testimonial para denunciar las atrocidades que se cometían y en algunos de esos libros se refleja mi poesía, pero en general no la uso para la denuncia política».

La muerte, con todo el horizonte de niebla con que se manifiesta en América latina y su disposición de mitos, será otro tema recurrente en su obra: «Un poco antes de que muriera mi marido, escribí un poema largo llamado "Umbrales", que me pareció dictado y cambió mi voz. Tras su muerte empecé a adentrarme en mí misma de nuevo y medité mucho sobre la muerte y el más allá. Luego empecé a interesarme en los mitos y tanto Rubén Darío como Robert Graves me enseñaron a amar la mitología. Me identifiqué con mis personajes y les di otra voz. En esta última etapa me identifico mucho con el cosmos; soy la lagartija y la estrella; hablo en nombre de todos y todas las voces forman mi voz»: Una vida errante que ha sido productiva literariamente ya que «con el cambio de países y culturas se me abrieron nuevas formas de ver el mundo y nuevas perspectivas». Su verso protege la esencia humana irremediablemente debido a que «la buena poesía cubre con su manto a toda la humanidad». En su inicial andadura literaria se cruzó el Nobel español, Juan Ramón Jiménez, una sombra alargada que delimitó su obra, como asiente: «Bajo su tutela empecé a trabajar el soneto, la décima, el romance, la orfebrería, el oficio y disciplina de la poesía. Mi obra hubiera sido más descuidada, además de darme las herramientas de orfebre, también me nutrió con buenas lecturas que influyeron en mí y que de otra forma no hubiera conocido. Siempre me decía que después de escribir un poema, debería leer en voz alta otro poema de algún gran poeta que yo respetara y luego volver a leer el mío. Eso me dio mucha humildad».

El nacer en América da toda una impronta que «marca, no solo la realidad social sino también el realismo mágico, la música del idioma, nuestro mestizaje». Claribel Alegría vivió en primera persona el boom literario latinoamericano siendo consciente de vivir un momento histórico, como resume: «Estaba formado por astros sobresalientes y a mí me asombraban. Fue como una explosión latinoamericana. No se podía ignorar el instante». Si tuviera que definir aquellos autores los cataloga de «cultos, divertidos y nada solemnes». Tras esta antología la escritora se encuentra trabajando «en mi último poema, que creo refleja toda mi esencia». Y una frase que ejemplifique su creación: «La poesía me dicta». Una severa revelación.

Miguel Rojo:
«Cuando escribo no pienso en nadie más»

L LEVA LAS venas cargadas de literatura, desde el tiempo del Surdimientu astur hasta ahora. La escritura es manifestación de su
sinceridad, en asturiano o en castellano. Le gusta ver mundo a pie
de tierra, donde se conquista la humanidad. Siempre proclive a un
estallido de alegría humana, Miguel Rojo habla como escribe.

¿Su vocación universal de escritor le llevó a todos los géneros?

Tengo una conciencia después de leer *Cien años de soledad* de que
aquello era tan mágico, sobrecogedor, especial y pensaba en aquella
confabulación ideal y astral de la adolescencia. Me puse a escribir algo
parecido en asturiano y tanto la vocación de escritor como los géneros
son herramientas comunes para expresarse y comunicar algo al lector.

**Con el tiempo llegaron las traducciones al castellano y la deci-
sión de escribir también en esta lengua**

Fue un proceso casi inconsciente, al principio primaba la reivindicación lingüística. Luego llegó la importancia de la obra y lo literario
con toda la potencia del castellano. Uno escribe para que lo lean y
no para ganar dinero, sino lectores, con toda la difusión que merece.
Pero, pase lo que pase, sea como fuere, en un género o en otro, yo
siempre escribiré en asturiano.

**Aunque sea de un modo utópico, ¿un escritor ha de salvar el
mundo y un poeta rebelarse contra el mismo?**

Estas definiciones taxativas me la traen floja, aunque sean bien
sonantes. En cuanto a la prosa interviene la voluntad de contar un

relato y la imaginación, sin ningún interés de salvar el mundo porque es una puta mierda y el problema es el ser humano. La poesía tiene un componente próximo a mis sentimientos y a lo reflexivo como persona. Cuando escribo no pienso en nadie más.

¿La relación con otros escritores ha sido de proximidad y distancia?

Dentro de los escritores hay verdaderos patanes y abunda la envidia, el canil retorcido es patente. Primero te dan la palmadilla en la espalda, luego te critican. Me gusta estar con los escritores con los que sintonizo como personas y tengo buenas vibraciones. Podría estar con estas personas igual, aunque les importara un comino la literatura. En cuanto a Luis Sepúlveda se dieron esas dos circunstancias, una personalidad apabullante muy difícil de repetir, buena gente y generoso para descubrirte cosas de la vida y la literatura. Era estupendo.

Arquitectura del pasado de Joan Margarit

El poeta catalán realiza un mapa sentimental
hasta su primera juventud

«LA MEMORIA hay que tratarla con dureza», toda una contunden-
te afirmación del poeta Joan Margarit, en *Para tener casa hay
que ganar la guerra*, un libro en el que el escritor catalán relata desde
su infancia hasta su primera juventud. Todo un documento, que
ensambla con su obra poética, de la que ofrece algunas claves. Una
arquitectura bella, dura e intrigante. La literatura bajo los dominios
de la inteligencia.

La arquitectura, como la poesía, son las dos ocupaciones y de-
vociones de Joan Margarit, que agrupa bajo un mismo prisma, una
construcción vivaz y razonable: «Yo quiero que mi poesía sea perfecta,
lo importante es la manera de cómo lo quieres. Es la búsqueda de una
misma honestidad, un deshacerse de oropeles, es buscar la bondad y
humildad más que las demás zarandajas. Sirve igual para un edificio
que para un poema. Con tu perfección no has de molestar a nadie, ni
crear palabras vacías ni autobombo y pretensiones. Fuera todo ello,
lo mejor posible», argumenta.

El poeta catalán se refiere a que es un libro más de recuerdos que
biográfico. En su fecunda obra poética está también buena parte de
esas memorias, como testimonio vital y parte esencial de sí mismo,
como constata: «Tengo un poema muy antiguo que habla en contra
de las memorias. Las memorias las debe escribir la persona que por
el azar de la vida transcurre al lado de acontecimientos históricos. Yo

entiendo que Churchill pueda escribir sus memorias porque son un documento que para la evaluación y confección de la historia del siglo xx son importantísimos. Una persona que no ha estado en ningún acontecimiento histórico no tiene ningún interés, a no ser que plantees una parte de tu introspección con un objetivo muy claro. En mi libro es por qué yo a los ochenta años he escrito estos poemas y no otros. Es una elaboración de un documento que utilizó mi infancia, adolescencia y primera juventud, pero no la relato. Hay muchas cosas que recuerdo de esa época que no cuento en el libro porque no me sirven para el objetivo que me he planteado. Más que unas memorias o autobiografía es un libro de una búsqueda personal que utiliza las cosas convenientes para aclararse. La técnica de todo ello es poética, la diferencia de la técnica de construcción de una novela con la de un poema es muy sencilla. Si me interesa tu vida hago con ella una novela. En cambio, si soy un poeta he de meter los poemas dentro de mí; es muy distinto. Por eso este libro ha tardado cuatro años cuando un escritor hace una novela en un verano».

Aparte del contexto histórico la vida personal deja surcos y venturas, complicidades y negaciones, que se reflejan en la obra de Margarit: «El objeto de la obra de arte, más que nada en una obra poética o novelística, lo que busca el lector es mirarse en un espejo. Si lees un buen poema y quedas satisfecho dices: "sí, soy yo". Misteriosamente es lo que consuela, andamos buscando a nosotros mismos. El poema es casi un milagro: me miro dentro de mí y busco entre millones y millones de cosas hasta que encuentro algo de interés y universal, que ha de transformarse en palabras».

En *Para tener casa hay que ganar la guerra* se refiere el poeta catalán a establecer un vínculo con el lector más próximo que con una persona conocida: «Cada vez que salimos de una miseria es para entrar en otra que desconocemos, la vida es ir empalmando estas situaciones distintas e imprevistas. La poesía ayuda, tampoco mucho, pero no hay nada que lo haga tanto, un partido de fútbol evidentemente no.

En mi juventud me metía en un cine, resolvía momentáneamente la angustia y al salir estabas igual o peor. Después de ver un cuadro, leer un poema o escuchar una sonata de Beethoven no estás igual, es lo único que hay, lo demás son distracciones. Leer un poema significa hacer un esfuerzo y una dirección».

Entre tanto devenir Joan Margarit alude a esa búsqueda temporal y equilibrada de encontrar cierta paz para poder escribir: «Necesitas encontrarte con uno mismo. Evaluar lo que hay alrededor y los daños de tu vida, los grandes logros afectuosos. No es gran cosa, pero es lo único que hay. Por un lado están la infancia y primera juventud, los sentimientos están a flor de piel y buscas algo. Luego viene una última etapa que es nítida, porque la vejez tiene una característica brutal, la de no ser juzgada y es la más libre de todas. Entre estas dos edades está la zona intermedia de la vida, que llamo "El lío" porque no pretendes entender nada. Ha de funcionar porque gracias a ella hay comida en los supermercados, es el panal y hormiguero que funciona».

En la poesía encontró Margarit respuestas al letargo, como una elección de conciencia: «Fue la poesía como método y herramienta. Lo que te despierta es el propio mundo y tus sentimientos. Si vas por la vida de punta a punta sin que te haya pasado nada no valdría la pena haber vivido; es la gran contradicción. Te lo dice una persona que ha perdido dos hijas. Con todas estas cosas por delante no puedes ser ni un joven tonto ni un viejo idiota». Joan Margarit sostiene que *Para tener casa hay que ganar la guerra* no tendrá continuación, dejando un itinerario de sentimiento remachado en frases como «Uno siempre recela de lo más importante, esa es nuestra cobardía».

La mirada redonda de Benítez Reyes

El escritor andaluz publica una antología
poética con Las formas de la luna

TODA LA vida sellada en verso como síntoma de creencia lleva a Felipe Benítez Reyes (Rota, 1960) a publicar *Las formas de la luna*, una antología de su obra cuyo prólogo firma José Andújar Almansa. Un poemario que resume una pródiga y extensa trayectoria con libros sugestivos e influyentes como *Paraísos y mundos*, *El equipaje abierto*, *Vidas improbables*, *Escaparate de venenos* o *Las identidades*. Todo un resumen de este Premio Nacional de Poesía cuyo estilo ha ido depurando con minuciosidad de orfebre, siendo tan singular como reconocible. Este creador, que ha tocado prácticamente todos los géneros literarios, alza una audaz concepción del mundo.

Con respecto a si los años afianzan un criterio propio a la hora de establecer un canon poético que articule una antología, Felipe Benítez Reyes afirma que «El paso del tiempo suele traer menos certezas que incertidumbres. La relación que uno mantiene con lo que ha escrito no solo es conflictiva, sino también inestable. Hay poemas que en principio te resultaban secundarios y que a la larga potencian su significación privada, y al revés. Una obra literaria es un organismo cambiante que actúa además sobre el ente mudable que la escribió».

El corte vivencial y el señuelo de la bohemia son rasgos distintivos en la primera etapa del escritor gaditano, como comenta: «Bohemio tal vez sea mucho decir. Fui un joven que salía mucho de noche, como casi todos. Y me gustaban los *maudits* franceses y los modernistas hispánicos, con su decadentismo y sus cadencias alejandrinas. Pero le aseguro que nunca llegué a tomar absenta ni a pedir dinero prestado a nadie, y me temo que eso me inhabilita como bohemio en sentido estricto».

Posteriormente surgió lúcidamente un componente más metafísico y meditativo: «Eso lo impone la edad, supongo. La juventud es fundamentalmente acción. La madurez propone pactos más abstractos con tu pensamiento. Más abstractos y más complejos. Innecesariamente complejos tal vez, pero inevitablemente complejos. Por una cosa o por otra, en la vida se avanza poco. Tiene más de espiral que de camino». Los silencios editoriales tomados como periodo reflexivo y enemigos de las redundancias, dichos paréntesis son analizados así: «Repetirse no es malo si la repetición es buena. Todos los autores tienen derecho de plagiarse a sí mismos, siempre y cuando el plagio esté a la altura del original; es decir, siempre que el autor esté a la altura de su rango. Se produce la paradoja de que exigimos a un autor que sea dueño de un estilo propio y, cuando lo consigue, le exigimos que no sea esclavo de su estilo. El problema tal vez no sea tanto la reproducción de una fórmula como la degradación de una fórmula».

A punto de publicar su nueva novela, el autor de *El novio del mundo* o *Mercado de espejismos,* nos adelanta: «Las novelas, si se resumen, siempre parecen una tontería. La mía trata de lo mismo que el *Lazarillo* o *David Copperfield.* Es decir, la invención de una conciencia a través de la invención de una vida». La brillantez expositiva y el talento en el fondo y las formas son cualidades que atesora su literatura, algo que valora: «Depende de lo que entendamos por ingenio. Por sí mismo, el ingenio es un factor más, no un factor determinante de la escritura. Ser ingenioso lo mismo puede ser una virtud que un defecto. Más que ingenioso, creo que a un autor le conviene ser astutamente imprevisible. Y muy prudente con respecto al ingenio, que puede provocar hartazgo».

El humor, perfectamente delineado, forma parte primordial del universo de Benítez Reyes: «Para mí el humor no consiste en hacer reír, sino en establecer con la realidad una relación razonable y equilibrada. Una relación de distanciamiento que me permita interpretarla con más cercanía. La solemnidad te lleva por lo general a la grandilocuencia y al tremendismo. La vida es fascinante y a menudo puede resultar terrible, pero también es bastante absurda o ridícula. Si prescindimos del humor, le mutilamos la mitad». Ante la calamitosa realidad actual el escritor debe adoptar la postura «que cada cual considere oportuna. Tengo la suerte de escribir artículos de opinión en periódicos. Por ahí me aplico a ponerme los incidentes de esa realidad en claro, dentro de lo que cabe, que nunca es mucho».

El andamio poético de Mestre

*Museo de la clase obrera es el nuevo libro del poeta
de Villafranca del Bierzo*

Los libros de Juan Carlos Mestre son como las acuarelas que él mismo pinta: un marasmo de sentimientos y sensaciones. Con *Museo de la clase obrera* el Premio Nacional y de la Crítica regresa a la casa acogedora y espaciosa de la poesía. El escritor de Villafranca del Bierzo vuelve a escribir en el idioma de la desobediencia con rigor y belleza malherida. Un refinado y despiadado lenguaje para frenar los embargos de la vida.

En *Museo de la clase obrera* está el propósito de recordar el terreno de la solidaridad, la conciencia encendida como faro. Mestre lo explica así: «La memoria es la conciencia crítica de la historia, como pudiera serlo la poesía respecto al lenguaje, otro modo de comprender la dialéctica del mundo frente a lo previsible y lineal de los modelos al uso, una ruptura con los discursos de orden y su ya inocua redundancia. Todo acto de memoria supone un desvío de los relatos de dominación que basan en el olvido la fuerza de su poder, la continuidad impune, la borradura de responsabilidades. La poesía, frente a ese abismo ético, puede ejercer un acto de delicada resistencia frente a la barbarie, reabrir la discusión, y frente a la esclerosis de la rutina subvertir el tiempo cronológico de lo prescrito, subrayando la intemporalidad ética del derecho de las víctimas y de los débiles».

En poemas como los dedicados a los judíos y los derrotados de la historia, la poesía se alza en alegato contra la resignación: «Ningún ser humano se ha resignado jamás ante el sufrimiento. No es necesario subrayar ese párrafo donde el daño deteriora irreversiblemente la conciencia humana y convierte al ausente en la falsa coartada de cuanto por desaparecido no debiéramos hacernos cargo. El relato del gran dolor sigue incompleto porque el pensamiento de lo tachado sigue vivo. Yo nunca he pretendido escribir textos solidarios, sino implicados en el debate, en la controversia y el disentimiento. La experiencia poética es un movimiento rítmico del pensamiento entre dos estados de conocimiento, el de la duración de lo real y la pervivencia del sueño que se inmiscuye en ese proceso, las páginas de odio y de ternura, de miserabilidad y de compasión de la historia. La poesía es la biblioteca emocional de las civilizaciones, una conducta del lenguaje implicado en la ampliación de los horizontes significativos del porvenir», afirma el poeta leonés.

Están muy presentes, no solamente en este libro sino en toda su obra, el humor y la ironía, como elementos que se introducen en el discurso del poema, según Mestre: «Es difícil sobrevivir a la obscena mueca del poder sin la sonrisa como único recurso ante sus actos de fuerza, la ironía como la única defensa y rebeldía frente el serrín jurídico y las virutas del autoritarismo, esa burla de la persona contra los espectros, las masacres civiles y la censura de lo cifrado en la felicidad».

Juan Carlos Mestre cita en sus versos a personajes como Kafka, Sócrates, Milton o Diego Rivera, contribuyendo a dar una mejor interpretación y enriquecer su literatura: «Un libro es una asamblea de voces, a veces afines, otras, divergentes presencias que acuden al desacuerdo, a la tensión del debate no cerrado sobre el papel del arte, la filosofía, la ciencia, en el constructor de la sociedad». También es muy notable, en toda su obra, el intentar discernir y deslindar la verdad y la mentira en el arte y la vida: «Hay una minoría de mí que habla en el texto, emancipada de su vínculo con mi razón consciente. Todo acto creativo supone una eliminación de costumbre, y las ambiguas fronteras de la verdad no son menos paradójicas que las de la mentira, del mismo modo que establecer fronteras entre arte y vida es hoy una fábula ya resuelta por Freud hace un siglo». En cuanto a si estética y ética son inseparables en su literatura es clarividente: «Hidrógeno y oxígeno, como el agua».

El lado salvaje en Manuel Vilas

FLECHAZOS LITERARIOS candentes es lo que contiene la obra poética completa de Manuel Vilas (Barbastro, 1962). Autor multipremiado y enamorado de una vida que no le agrada contemplar a través de cristal alguno. La capacidad literaria del que solo aguarda la emoción.

En cuanto a si la edición de este libro cierra una etapa, lo que tantas veces se ha denominado ciclo poético, Vilas sostiene que «La poesía no se diferencia en ese sentido de la literatura en general. Lo que cambia es la vida de un escritor y su obra evoluciona». Lo vivido rasga descentradamente la poesía de este autor maño como una enseña ineludible: «Para mí la poesía es la representación de la inteligencia y su función principal es estar al servicio de la vida. La postura onanista o metaliteratura puede ser peligrosa».

Un poema tiene autonomía para posarse en la realidad, en cuanto a si puede sintetizar la existencia: «Para mí una vida es mucho más completa, se compone de muchas páginas escritas como una identidad completa. El poema es un momento que nace de la melancolía. A veces te das cuenta de que hay puntos de vida que se escapan. A veces me deprimo al intentar atrapar todo ello porque es más salvaje que nosotros».

Los tabúes parecen totalmente obviados en cada uno de sus textos: «Mi relación con la literatura y la vida no contempla eufemismos. Es igual que cuando algo te golpea y te deja sin palabras, como cuando te deja una novia, pierdes un trabajo o la muerte visita a alguien cercano».

En la relación fraternal y de infidelidades de la poesía y la novela, Manuel Vilas aboga por la complementariedad: «Cuando apuesto por un libro no me encasillo en poeta o narrador, voy por el concepto de literatura con una gran idea. Pero cierto es que la poesía requiere a veces mayor cuidado formal y técnica literaria. La clasificación de géneros literarios es del XIX y es pedagógico; no la distingo. Un poema puede narrar y viceversa. En el siglo XXI se ha hecho literatura mestiza, de hecho el último premio Nobel ha sido para Svetlana Alexiévich, una periodista».

En el 2015 obtuvo el Premio Llanes de viajes por el libro *Wild side España*, por lo que valora que «La literatura de viajes particularmente me fascina y el galardón tenía una nómina de escritores que aprecio. El libro se basa en un recorrido por España a través de los conciertos de Lou Reed dándoles sentido».

En los poemas de Manuel Vilas aflora la vena rockera como impulso libre y deliberado, que resume así: «Soy muy fan de Lou Reed, un músico que es todo un poeta. La música ha de ser libertaria e inconformista. Incorporo a la literatura como forma de estar en el mundo con su sentido pasional y violento. Como persona de mi tiempo el rock me ha dado emociones muy fuertes y ha sido muy importante en mi vida; es la sintonía con mi mundo y el sonido del siglo XX. Prefiero esa forma de estar en el mundo que la literatura institucional».

Perceptible es una eclosión de una literatura actual que se pasea por la calle y se mira el ombligo con descaro: «Se está escribiendo muy buena poesía social y realista, al igual que sucede con la novela. Para mí la poesía no es un arte de minorías, si se cierra se está haciendo un flaco favor a sí misma. No me gusta el lenguaje sectario. Antonio Machado es un enorme poeta que cualquier español puede leer».

Manuel Rivas:
«Los libros rompen la inercia vital»

«La mirada literaria ha de ser siempre crítica»

COMO UN acto de amor a la escritura, y más en concreto a las librerías, Manuel Rivas (A Coruña, 1957) ha escrito *El último día de Terranova*, (Alfaguara). A través de la historia de la librería Terranova, abocada al cierre, se hace un recorrido por nuestro pasado y presente. Una atalaya desde la que observar el mundo en la que su propietario ya no siente excitación al ver robar libros a los jóvenes. Ediciones clandestinas y libros censurados sobre el magma del tiempo; literatura y vida en el mismo espejo frontal. Una creación que rebasa límites del mismo autor de *Los libros arden mal*, *¿Qué me quieres, amor?* o *El lápiz del carpintero*. Asomándose a una de sus páginas se puede leer: «hay tiempos en que progresa la ignorancia». Terranova es un reducto de la palabra en un libro concebido con levadura.

¿Da cuenta en el libro de pérdida de la librería como espacio mágico de relaciones humanas?

La librería Terranova, más allá de la compra venta y del intercambio de libros, es un lugar para el espacio de la memoria, la confluencia de lo real e irreal y un refugio para el libre pensamiento frente a los tiempos de sequía y miseria cultural. Mantiene la diversidad y la condición del ser humano con su derecho a soñar.

También de la figura del librero con un perfil muy humano…

El librero es capaz de contar con la herramienta de la ironía para rebelarse frente al destino. La historia comienza con un final y un versículo apocalíptico: «liquidación por cierre». Después llega la revolución del lenguaje en su interior y vendrá la memoria en rescate de una persona que no se rinde.

Dice un personaje que no está de acuerdo en que los libros no pueden cambiar el mundo…

El dueño de la librería está ante el dilema del ser o no ser. Pero con esa ironía de la que hablamos antes puede sobrevivir. Frente a esa idea de que los libros son un simple entretenimiento o intranscendentes hay una realidad que dice que nos impactan como un cross de mandíbula, te zarandean y te hacen sentirte mejor. Después del optimismo de la Ilustración y las vanguardias llegó el escepticismo limitándolo al entretenimiento. Tanto el narrador como el librero ven los libros como antídotos contra el imperio del vacío, arcas con la chispa de la rebeldía.

«Lo primero que aprende un periodista es a ser campeón del cinismo» sostiene otro de los personajes, ¿se desvanece la confianza en el oficio de la palabra?

La ironía pone en cuestión verdades establecidas y tópicos. De este modo el periodista desengañado cita a Kapucinski al afirmar que no es un oficio para cínicos, también a García Márquez, que lo definía como el oficio más antiguo del mundo. Al zozobrar una librería que se mantenía como una especie de isla se ponen en cuestión muchas ideas establecidas y tópicos. La crisis de Terranova es una metáfora sobre otras crisis: humanidades, libros, periodismo, económica, existencial… Está en juego el futuro. El libro expone sus razones de ser frente a esas amenazas para ponerlas en duda, combate en la historia la Apocalipsis.

¿Es la literatura una forma de memoria?

La memoria está en la tierra, es un bosque y humus. La idea de la memoria es un paralelismo con el viaje de Ulises de *La Odisea*. La memoria no es un fósil, sino un proceso que mira adelante. Nosotros hemos de ir a su rescate, es un proceso activo. Para que exista una novela ha de fermentar una realidad nueva. Sin memoria no hay literatura ni imaginación.

Hay homenajes a muchos escritores de distintas generaciones, ¿es bueno no perder ese espacio de mitomanía?

Está muy presente como mediador entre generaciones más allá de la memoria. Los libros rompen la inercia vital, como decía Quevedo: «Con los ojos hablamos con los muertos». En las librerías notamos un encuentro presencial entre iguales de personas y libros. Convivimos con Sófocles y «Antígona» con Rulfo y Voltaire. Es un lugar físico y psicológico, se rompen abismos entre vida y muerte. La presencia de escritores y obras forman parte de la urdimbre del libro, incorporados a la realidad son como una malla que evita que se derrumbe la realidad como una red para el trapecista. Más allá de las citas y la metaliteratura son como piedras para pasar un río.

Por la novela desfilan épocas muy marcadas políticamente: la Guerra Civil, la posguerra, la transición y la actual. ¿Cómo las ha ensamblado a la hora de diseñar el argumento?

Son embates históricos de distinto tipo e intensidad. La dictadura fue una amenaza para libros y las ideas, lo que hace que Terranova sea un lugar de autoexilio para libros prohibidos. En la transición aparecen zonas oscuras y ocultas, que ponen en cuestión su fama de modélica. Algo inexacto, ya que parte de los problemas actuales vienen de esas taras e imputaciones; son zonas críticas que ponen de relieve su actitud conformista. En cuanto a la crisis actual es una forma de imposición de un modelo económico que abarata al ser humano y lo extingue con un capitalismo impaciente. La mirada literaria ha de ser siempre crítica.

De nuevo en su obra aparece Galicia como eje neurálgico y punto de arranque hacia otros lugares como Argentina…

Galicia tiene algo de lugar anfibio, una condición local y universal. Está esa relación primero con América, donde pudo revivir toda la cultura española en su totalidad y pluralidad con la memoria sustraída. La España del exilio continuó creando con grandes editoriales. En ese renacer en la diáspora Terranova es un lugar de tránsito y puente hacia publicaciones como los Cuadernos del Ruedo Ibérico, bestia negra del franquismo, que la intentó destruir.

Como sucede en otras novelas suyas, ¿le resulta inevitable el giro poético?

Para mí es necesaria la poesía como célula madre, más allá de género y formas, tiene que ver con la mirada. Se trata de poner las palabras, tantas veces maltratadas, en vilo y acción para que se levanten del suelo con la energía del deseo frente a Tánatos; es una acción ecológica.

Se señala en otro pasaje: «Hay momentos históricos en que las palabras tienen plomo, matan», ¿este momento histórico es uno de ellos?

Lo que ocurre con las palabras actualmente es el daño al que están siendo sometidas por los movimientos totalitarios con el lenguaje del poder. El problema se produce con su manipulación, es una especie de robo y desahucio.

Las conspiraciones mortales
de Juan Gabriel Vásquez

El escritor colombiano novela en La forma de las ruinas
las cicatrices de la violencia en Colombia

E L HALO tenebroso de crimen, narcotráfico y corrupción que se cierne sobre Colombia ha servido a Juan Gabriel Vásquez (Bogotá, 1973) para afianzar su novela *La forma de las ruinas*. La investigación por parte de Carlos Carballo de dos asesinatos en épocas diferentes, del político Jorge Eliécer Gaitán y del senador Rafael Uribe, regresará en el siglo XXI como indecorosos fantasmas pretéritos. El autor colombiano incorporará la presencia de un escritor con claros matices autobiográficos. Un disparo directo a la impunidad.

En cuanto a si la palabra es una materia prima contra la barbarie, Juan Gabriel Vásquez manifiesta: «Me gusta pensar que es antídoto contra todo ello. Pienso que la novela recupera nuestro derecho a contar nuestras historias incompletas que difieren de la versión oficial. En ese punto empieza a salir la conspiración y ha de cumplirse esa función de suplir el vacío de las historias falsas. La palabra ha de ser un depósito de memoria para que no mueran nuestros antepasados. Los pueblos se incomodan al echar tierra sobre la historia para recordar». La conspiración se planteará con su parcela de oscuridad como un arte malévolo: «la visión paranoica del mundo es un mecanismo de defensa por el que optamos cuando intuimos la mentira. En la novela se vuelve la reacción individual de Carlos Carballo, dañado por la historia colombiana. Esa visión es consecuencia de una mano negra y de las fuerzas oscuras. Más que esas teorías conspirativas me gustaría pensar que la historia es más resultado de la casualidad y las pasiones humanas».

La violencia como herida siniestra y silenciosa es un argumento recurrente citando tanto la guerra de Bosnia o los atentados de Atocha como los asesinatos de Julio César o Pablo Escobar: «La muerte es uno de los temas primordiales que cruzan la novela, aparece en los hospitales y en la enfermad misma que sufre un país por la violencia. Quise resaltar ese tema por encima de la nación y el personaje». Inevitable es, también, una pérdida en el poder de la percepción clara ya que «Todos los países tienen esqueletos en el armario y contar su pasado es hablar de crímenes o conjuras. Javier Cercas suele preguntarse qué es un español y responde que una teoría conspirativa del 23 F. En Estados Unidos sucede lo mismo con el asesinato de Kennedy. En mi país ocurrió con los asesinatos de Uribe y Gaitán. El libro nació de una reacción ante un asunto incompleto».

En *La forma de las ruinas* se deja caer el rastro de Gabriel García Márquez, historia y patrimonio de Colombia ya que: «Es una presencia benévola para mí, que me ha abierto muchas puertas. Aunque para otros escritores haya sido un lastre. No ha sido una influencia clara como Borges o Vargas Llosa; lo he leído como un clásico. En esta novela tiene una presencia muy importante ya que en sus memorias *Vivir para contarla* se refiere al asesinato de Gaitán, y por aquel entonces mi tío ocupaba un cargo en Colombia. Al asesino físico lo mataron para que no aparecieran los autores intelectuales del crimen». Pero no todo es muerte en *La casa de las ruinas*, también se enhebra un alegato a favor de la vida en forma de parto: «El origen de la novela nació en el 2005 cuando un médico bogotano me invitó a su casa y me puso delante los restos de Uribe y Gaitán. Tener esos huesos ante mí fue un detonante muy potente para ponerme a escribir. Todo ello coincidió con el nacimiento de mis hijas gemelas y pensé en protegerlas de todo el legado de violencia en Colombia que se va arrastrando de generación en generación».

El oficio de escritor es para Vásquez una ceremonia de fe para trasladarse a la realidad: «Participo de la idea, no muy de moda, de que la novela es el mejor aparato del escritor para iluminar lo oculto y desconocido. Hace tiempo que tomé una posición militante de entender la literatura como comprensión más allá del entretenimiento». El novelista tiene las propiedades de intromisión en espacios vedados para el periodista o el historiador, ya que «La novela quiere poner orden, convivir con el dolor en un mundo caótico donde saltan monstruos en cualquier descuido; hace mejor a los lugares con emociones, moralidad y conciencia. Por ejemplo *Crimen y castigo* puede contar los efectos en el alma humana que marcan la vida de un hombre. Pienso como Milan Kundera que la novela no ha dejar de ser ella misma». Vásquez es traductor y escritor traducido a 26 lenguas, que se ampara en la literatura y el viaje como dos métodos para conocer y descifrar el mundo: «Son dos maneras complementarias de explorar el mundo; una gran novela es una forma de viajar. Muchos de los escritores que me han marcado han sido grandes viajeros. Aprendemos de los clásicos y nos ayuda a ensanchar la condición humana».

Rosa Montero:
«En la literatura debe autorizarse la esquizofrenia»

«El término "escritor comprometido" es una tontería;
el escritor debe ser honesto y dar sentido a la vida»

Pausadamente, sabedora de la meticulosidad de su oficio, ha ido construyendo Rosa Montero su nueva novela *El corazón del tártaro*. Una obra sobre cuyo protagonista se cierne el abismo de un pasado que se interpone entrometidamente sobre su futuro. En el libro, la escritora madrileña deja constancia del precio insorteable que hay que pagar por el mero hecho de estar vivo.

¿Qué contiene *El corazón del tártaro*?

Es una novela que versa sobre el dolor y la esperanza. Contiene esa capacidad que tiene todo ser humano para superar lo insuperable, una fuerza increíble de superar las tinieblas. El lector recoge estos datos como si se tratara de un puzle que ha de recomponer.

¿Es el libro muestra de que la infancia deja una impronta que dura toda la vida?

Sí, eso se demuestra a medida que creces. Como dice una de las frases que inician el libro: «El niño es el padre del hombre». Desde la infancia creamos un mundo estrecho que nos condicionará cuando crezcamos. Madurar es salir de esa prisión.

¿También es una muestra de que de la marginalidad surgen grandes personajes literarios?

Sí, aunque la protagonista viene de clase alta, algo que he querido hacer para poner de manifiesto algunas cosas, y la marginalidad está muy presente en el libro. Aunque creo que todos los ámbitos de la vida pueden dar buenas novelas, los personajes marginales dan grandes perspectivas porque se presentan sin maquillajes.

¿Hasta qué punto le ha condicionado que su anterior novela haya sido un éxito de crítica y ventas?

Me ha condicionado pero para bien, me ha dado libertad para hacer una novela libre y original. El éxito te da tranquilidad para tu búsqueda literaria porque para mí la escritura es un camino de conocimiento. La anterior novela me ha abierto muchas puertas en el extranjero y esta es una novela muy buena que parte de cero, que es como creo que deben ser las obras.

Saramago se lamentaba de que los escritores comprometidos están en extinción…

No estoy de acuerdo, me parece una tontería el término «escritor comprometido». Yo concibo al ciudadano comprometido como miembro de una sociedad, y tanto lo está el escritor como su portero. El escritor debe de tener honestidad y dar sentido a la vida, buscar la luz en los fantasmas del ser humano. Aunque yo sea ecologista o feminista, detesto la narrativa de este tipo.

Usted estudió Psicología, ¿es este un componente que juega a favor de su literatura?

Yo tuve que dejar la carrera, la psicología científica no sirve de nada. En literatura lo que sirve es dominar el medio, la carpintería literaria. El escritor debe utilizar el sentido común y la capacidad empática de ponerse en la piel ajena. En la literatura debe autorizarse la esquizofrenia.

¿Se han superado los prejuicios sexistas en la literatura?

Estos absurdos prejuicios todavía siguen existiendo, son muchos menos que hace unos años, pero todavía hay sexismo.

Luis Antonio de Villena:
«A la literatura le sobra *marketing* y le faltan lectores»

«El siempre interesado poder político ayuda a los escritores simpatizantes de su causa, sin importarle la calidad literaria»

Luis Antonio de Villena cree que la literatura sirve para vivir más intensamente, una materia que no es solamente estética porque su utilidad recae «en aumentar la percepción de la vida». En su último libro, *Patria y sexo*, nos remite a una juventud que buscaba el brillo del sexo en los años del franquismo. Recientemente se ha editado *Los gatos príncipes*, premio de poesía Generación del 27. Villena es un completo escritor que aboga por la sinceridad como mejor medio para encontrar la auténtica marca de la vida.

¿Cuál ha sido la intencionalidad de rescatar dos momentos de su juventud cargados de sexo en pleno franquismo?

He querido recoger dos momentos, un campamento de la Organización Juvenil Española, que era una rama de la Falange en el verano de 1961 y la instrucción del servicio militar en aviación en el verano de 1971. Fueron dos momentos en los que un chico iba a ser formado patrióticamente, en el campamento estaba más camuflado, con un lado de formación política fascista muy fuerte. Dentro de ese mundo castrense aparece el sexo, cuando no se le suele relacionar con la patria. El sexo brota en unos muchachos que tenían una necesidad fuerte del mismo.

Es un libro sin prejuicios, ¿es negativo cualquier tipo de tabú a la hora de escribir?

La literatura debe investigar zonas que habitualmente no se investigan. Este libro es un testimonio literario de un tiempo malo. Aquí el tabú que se rompe no es el contar que el franquismo fue malo para España, que por supuesto lo fue, sino la idea de que existía algo que no era oficial como el sexo. Bajo aquellas normas muy rígidas de dictadura, el régimen oscuro no podía contener esa fuente de hontanar.

Como buen conocedor de grandes personajes literarios como Oscar Wilde y Lord Byron, ¿están en extinción figuras como ellos en la literatura actual?

Estos personajes están situados a principios y finales del siglo XIX, hoy nuestro contexto histórico es diferente. El mundo en que vivimos hoy es menos individualista que antes, la gente es más gregaria al perder el sentido de la libertad individual. Esta pérdida es un mal contemporáneo. Wilde y Byron son personajes que apostaron muy fuerte por la libertad individual, atreviéndose a ser ellos mismos. Aunque menos llamativas, quiero creer que hoy en día hay figuras individuales que están dispuestas a luchar por la diferencia.

¿Se ha entrometido demasiado el *marketing* en el camino de a buena literatura?

Está todavía por estar. Lo que sí es verdad es que hay un afán mercantil, incluso en autores que decimos que nos importa más a calidad. Se ha confundido mucho la literatura con una carrera de caballos. En la literatura tienen cabida los autores que sean buenos. Sobra *marketing* a la literatura pero faltan lectores. Creo que esos lectores se ganarán subiendo el nivel de cultura. El *marketing* hace que se vendan más libros, no necesariamente que se lea más. Somos un país deficitario de cultura. La televisión ha servido para difundir bajeza, niveles culturales que responden al que tiene la sociedad española, a la que no hay que adular porque es una de las más incultas de Europa, junto con Grecia y Portugal.

¿Hay suficiente independencia entre cultura y política?

Hay más de lo que parece, hay escritores más politizados que otros. Es evidente que el escritor como ciudadano ha de tener ideas políticas. Otra cosa es que sirvan a esas ideas políticas como ciudadano, es bueno y como escritor depende. Lo peor es el influjo que el poder político tiene sobre algunos escritores que necesitan su ayuda. Siempre interesa al poder político ayudar a los escritores simpatizantes de su causa, esa vinculación con el poder me parece muy mala. Al poder debería importare más la calidad literaria que el color de los escritores. A mí me han quitado el puesto dos veces por no ser afín al PP, también estará mal si a un escritor lo quitan por no ser simpatizante del PSOE. Estas cosas son muy mezquinas y tristes solo tener que decirlas.

Ha presentado a Raúl Rivero en la Residencia de Estudiantes, ¿son los escritores los eternos exilados?

Los escritores es bueno que sean exiliados a nivel mental. Me dicen que en España habría de sentirse como fuera de cualquier territorio. Para un escritor es bueno ser apátrida y que escriba desde el mundo. Raúl Rivero es un poeta cubano cuya fama se debe más a razones políticas que literarias. Cuando se lee su poesía, uno se da cuenta de que es un buen poeta, que ha sufrido persecución política, que le convierte en algo muy digno.

Escritores contra la tormenta

Martín Rodríguez-Gaona, poeta y ensayista

«El riesgo y el reto son inherentes a mi concepción artística»

DESDE SUS primeros inicios en su Perú natal, Martín Rodríguez-Gaona lleva la poesía pegada a la suela del zapato y con ella recorrió mundo luchando porque la palabra y el verso adquieran la categoría que merecen. Luego llegó a la Residencia de Estudiantes de Madrid y su contribución a la cultura española ha sido más que notable: ensayos, traducciones, poemarios, artículos críticos… Al estudio de la denominada «nueva poesía» y su ubicación en Internet desde una perspectiva literaria, cultural y social, le ha dedicado buena parte de estos años con ensayos como *La lira de las masas* y *Contra los instagramers*, ambos premiados con el Premio Málaga de ensayo y el Celia Amorós (Ciutat de Valencia), respectivamente.

¿Qué aporta un libro tan elaborado como *Wunderkammer: las musas y otras mutaciones* a su obra?

Todos mis poemarios son igual de elaborados, más que por cierto barroquismo conceptual o de lenguaje por una necesidad de crear libros autónomos que respondan a intereses u obsesiones concretas. Como poeta creo menos en la voz individual que en la sucesión de proyectos que, idealmente, van creando un universo personal.

¿Escribir en simultáneo sobre el devenir histórico y las relaciones personales es un arma de doble filo?

Quizá, en el sentido de que el riesgo asumido sería doble: fracasar al comunicar intuiciones subjetivas, sean sobre la vida personal o los procesos históricos. No obstante, el riesgo y el reto son inherentes a mi concepción artística.

Es decir, en mi caso, busco que esa confluencia de intuiciones de naturaleza antagónica potencie la mirada. De ahí el apasionamiento y la temperatura emocional para el registro de hechos e ideas que de ser tratados solo desde la objetividad o el intelecto se resolverían mejor desde la crónica o el ensayo.

En *Contra los influencers* explica que en toda la sociedad, no solo en la poesía, prevalece la foto y el espectáculo sobre el texto y el discurso. Mas ¿será posible poetizar aquel mismo simulacro?

Creo que sí, y que, además, la poesía puede brindar un conjuro o un antídoto. Desde la autonomía del lenguaje artístico se constituiría otro espejo óptimo para discernir, para contrastar lo que es verdad y hacer evidente lo que es una mera representación auspiciada por los poderes económicos o políticos.

Calificó en sus ensayos a los poetas vinculados a cierta nueva poesía como tardoadolescentes, ¿cómo cree que será la evolución de dicho género?

Me parece que los productos editoriales de los *influencers* y los poetas pop tardoadolescentes van perdiendo presencia, en gran parte por la acción crítica y el rechazo de la ciudad letrada (periodistas, críticos, gestores, lectores asiduos, etcétera). Es decir, dicha tendencia va cediendo a su caducidad programada, siendo asumida como subliteratura.

Otra cuestión es la poesía literaria y minoritaria de los *millennials*, quienes van llegando ya a la cuarta década. Me parece interesante su evolución de sensibilidad, propia de una generación particularmente golpeada por las crisis, que vive el ocaso de la clase media. Observo una profusión de poéticas marcadas por el posestructuralismo (como en las editoriales Ultramarinos y La Uña Rota), con una gran voluntad de explorar nuevos lenguajes. De ahí la reivindicación de voces femeninas pioneras e invisibilizadas como Luz Pichel y Chus Pato.

Cuando se dice que la poesía está de moda, ¿algo va necesariamente mal?

La poesía está más allá de las modas y siempre está bien, sobre todo en una época en la que por el crecimiento demográfico existen cada vez más poetas y distintos estilos. Lo que sucede es que aunque sean más siempre serán una minoría; una minoría transversal, intergeneracional e interclasista, produciendo desde los márgenes, alejados del *mainstream* y lo corporativo. En este sentido se necesita presionar a la institucionalidad y los medios para que sean más plurales e inclusivos.

¿Cómo valora en su obra la fusión de la tradición hispanoamericana con la española?

Es un reto de gran ambición y modestia, desde su propia formulación, pues requiere conciliar tradiciones distintas. Así en España, el centro del canon está en el Siglo de Oro, mientras en Hispanoamérica ese lugar sería el de las vanguardias históricas. Un logro auténtico supondría conciliar a San Juan de la Cruz y a César Vallejo, o actualizar el Romancero y a los cronistas de indias.

¿Y esa cena en New York con Lou Reed?

Fue en Barcelona, en el Festival Cosmópolis, en 2008, gracias a John Giorno, el poeta *performer* que fue parte de la Escuela de Nueva York y amante de Andy Warhol, de quien yo había traducido su poemario *La sabiduría de las brujas*. Giorno y Lou Reed se reunían por primera vez después de una década, habiendo dejado atrás las aventuras y los excesos de la Factory. Coincidían en que Warhol era la persona más excepcional e inteligente que habían conocido y se mostraban sorprendidos por la cotización de esas obras que ellos habían visto gestarse informalmente. En un momento le pregunté a Lou Reed acerca de su opinión sobre Jim Morrison, que al igual que él también hacía poesía, y su respuesta fue tajante: «Mierda californiana. No hubiese resistido dos noches en nuestras fiestas de Nueva York».

La pureza del recuerdo en Alejandro López Andrada

El poeta cordobés escribe sus memorias

DESDE LA infancia, el escritor Alejandro López Andrada almacenó imágenes, como las charlas en la cocina o la escarcha de las mañanas de escarcha acudiendo al colegio, que fueron un bendito caldo de cultivo para sus poemarios y novelas. Un veraz punto de apoyo constituyente de sus memorias *Los árboles que huyeron*. A pesar de ser uno de los poetas españoles más premiados de los últimos tiempos (Ricardo Molina, Fray Luis de León, José Hierro, entre otros), vive ajeno a cualquier azogue mediático en el regazo de su Andalucía. Los latidos poéticos marcan también su prosa, para, aunque sea con herrumbre, encontrar una floreciente verdad. Una férrea raíz de vida.

Las memorias de un poeta, como en su caso, están necesariamente contaminadas de un estilo poético, un inevitable centro neurálgico, como apunta Alejandro López Andrada: «He leído memorias de poetas escritas en un estilo llano y directo, pero en mi caso, a la hora de escribir cualquier materia literaria (artículo periodístico, relato, ensayo, novela…) no logro desprenderme de mi estilo poético. Digamos que la poesía impregna toda mi obra literaria, y eso es algo visible en *Los árboles que huyeron*».

Se aprecia en el libro que su contacto con el mundo rural delimita su línea de escritura, que el escritor andaluz asume del siguiente modo: «Pertenezco a una cultura rural ya desaparecida: mis ojos de niño descubrieron muy pronto la magia de la Naturaleza (el latir de los bosques, la luz del silencio en el rastrojo, el vuelo del alcaraván al anochecer…) y por ello desde mis primeros versos el campo y el ambiente rural de mi territorio nativo, los Pedroches, forman parte esencial de mi universo literario. A la hora de construir mis versos o mis novelas acuden siempre imágenes de la Naturaleza y del campo que siguen latiendo en mí hoy como ayer». Una constante que solapa el descubrimiento de la vida al de la literatura: «el descubrimiento del mundo rural y mi vida de niño en el pueblo son las raíces, o las coordenadas emotivas y estéticas, de mi obra literaria. Casi todo, o todo, lo que escribo se sustenta en ese modo de vida rural que se extinguió».

Los seres queridos, patrimonio de la intimidad y amistad, se conjugan en *Los árboles que huyeron* con escritores. Alejandro López Andrada retrata la vida literaria con admiración a ciertos personajes, cierta distancia al mundillo y desdeñando ciertas conductas petulantes, así lo explica: «Siempre he sabido diferenciar la creación literaria del mundillo literario. De lo primero me alimento; de lo segundo, solo me interesa tener amistad con aquellos escritores (Colinas, Caballero Bonald, etc.) que verdaderamente quiero y admiro. Por otro lado, soy una persona solitaria y sencilla a la que no le agrada estar cerca de ciertos escritores altivos y ególatras, pedantones, que, por desgracia, tanto abundan en nuestro país». Con respecto a si los recuerdos o lo que queda de ellos son la mejor materia prima para un poema: «Depende de muchos factores. Aunque reconozco que la mayoría de mis versos han nacido de una imagen relacionada con el universo campesino de mi infancia, algunos poemas míos recientes se inspiran en lugares urbanos (Córdoba o Madrid) que actualmente habito. A mi modo de ver, al final lo que verdaderamente importa en la poesía es la emoción y la intensidad lírica, no tanto el lugar o el paisaje que la inspira».

La oscuridad de la crisis en Luis Artigue

El escritor leonés novela en la ciudad de Silenza
estos tiempos tenebrosos

«SILENZA Y su oscuridad de cripta antigua» reza uno de los párrafos de *Donde siempre es medianoche*, la última novela de Luis Artigue, sobre una ciudad cercada por la crisis en la que siempre es de noche, en la que un fotoperiodista investiga tal hecho entre personajes que desbordan las páginas como el Anticristo Superstar y un escondido premio Nobel de astrofísica, además de otros personajes que viran hacia el apocalipsis más entumecido. La novela ha sido publicada por la editorial asturiana Pez de Plata con sus galas y puesta de largo habituales. «La escritura clarifica, pero no cura», escribe Artigue. En cualquier caso tonifica y sirve para dar un arrebato de luz a estos tiempos.

Luis Artigue analiza así el escribir una novela sobre la crisis con tintes de ciencia ficción: «Es que a mi juicio en narrativa la lógica fantástica tiene sentido cuando no está al servicio de un discurso de evasión; cuando es una lógica política… Eso por un lado… Por otro he de decir que lo que para unos es ciencia ficción, lo que es distopía o terror gótico, para otros puede ser lo normal: de hecho yo nací en un pueblo de León y por eso no le tengo miedo a la oscuridad, ya que en los pueblos de León es más fácil que lo asesinen a uno en una cena familiar que paseando de noche».

Artigue habla así de las pinceladas con las que conforma a los personajes que cobran, en ocasiones, una tenebrosa vida: «Los personajes de esta novela son inquietantes, y están perfilados con las armas de la narrativa gótica, del esperpento, el cómic y el psicoanálisis… Pero para mí la ciudad de Silenza también es un personaje de esta novela».

«La cultura como instinto de muerte» escribe el escritor leonés en un fragmento de la novela ante la futilidad y el mero y burdo entretenimiento, resumiéndolo así: «Silenza es una ciudad culta con universidad y museo de arte contemporáneo y un microtejido cultural *underground*, y sin embargo esto no la previene de la barbarie… A eso es a lo que Freud se refería en su libro *El malestar de la cultura* cuando habló de la cultura como instinto de muerte».

Otro pasaje sostiene: «esta noche espesa que que se ha llevado de la superstición, de sectas, agoreros, espiritualistas». La palabrería y cierto mesianismo ha sustituido a la palabra, Artigue lo resume así: «El mensaje moral es que todos somos un relato, como nos enseña el psicoanálisis, y el secreto de la salud psíquica individual y social estriba en contar la historia que somos y que esa historia deje de ser tragedia o drama y pase a ser comedia: una novela gótica escrita con humor viene a ser algo así como la voz enunciativa del dolor sin drama… Buen modo de ejemplificar que las crisis y adversidades y oscuridades tienen su lado positivo, que son lo que nos pone a prueba, lo que nos hace dar la medida de lo que somos… La noche es sobre todo una plataforma de intercambio luminoso». Ante la silente y tremebunda oscuridad de Silenza llegará la luz de la presencia humana encarnada en la figura de una mujer, como reconoce Artigue: «En efecto, de pronto llega a tu vida una persona de la que no puedes pasar por mucho que lo intentes, y eso es lo que lo cambia todo y lo ilumina todo… De las armas de las que dispone el ser humano para hacer frente a la angustia una es el humor y eso lo dejo claro en esta novela, y otra es el amor y eso en estas páginas queda también claro cuando aparece en escena Elisabeta, una bella y calculadora experta en matemáticas, que fuera en la adolescencia común el primer oscuro objeto de deseo del protagonista. Ellos dos acaban encontrándose en Silenza».

La gestación de la novela ha sido a lo largo de una enfermedad de su autor, algo que ha incidido en el proceso de escritura, como asiente Artigue: «En esta novela el personaje masculino protagonista, el Sabueso Informativo (un fotoperiodista de guerra que ha alcanzado el éxito por sus fotos y su perspicacia para huronear y conseguir contactos y pistas a la caza de grandes noticias vendibles para los grandes medios de comunicación, y que ha sido enviado a Silenza, su ciudad natal de la que se fue hace años y jamás regresó para investigar tres casos) soy un poco yo mismo con todo mi cuadro médico apoteósico a cuestas pero retratado con mucho humor neurótico… E igualmente mi experiencia del coma me ha servido para retratar una ciudad, Silenza, que está en coma, una ciudad en la que no amanece y a la cual las autoridades a la noche que la cierne la llaman crisis económica… Tanto la ciudad como el personaje —y en eso se parecen a mí— han pasado una enorme crisis pero el mensaje de esta novela es precisamente que necesitamos las crisis y la adversidad para saber y hacer saber que, si permanecemos atentos en medio de la oscuridad, veremos cómo la biología prevalece sobre el miedo».

Natalia Menéndez:
«Mi novela es una reivindicación de los sentidos»

«Hablo de los efectos del paso del tiempo en las personas»

NATALIA MENÉNDEZ ha querido mostrarse a un lado y a otro del espejo con *El faro que no miraba al mar*, una exquisita novela juvenil apta para todos los públicos, en la que ella misma es la autora de la ilustración de la portada. Menéndez, estudiosa de la literatura inglesa, es profesora de Lengua y Literatura en un instituto de Enseñanza Secundaria, en el que actualmente es directora, ha cultivado, sobre todo la poesía desde su primer libro *Las virtudes cardinales* hasta *Calibán*, su último poemario, además numerosos relatos suyos han visto la luz en libros colectivos, como el reciente *Llume*. La escritora avilesina construye en Elnora, un espacio mítico y ensoñación de su nueva publicación, donde a los personajes les brillan de fantasía las lenguas de los zapatos. Una batalla que libra la imaginación contra el oscurantismo del tiempo. La recepción que recibe el lector de percibir una leyenda.

¿Cómo resumiría el argumento de una novela tan increíble y casi inenarrable?

Diremos que la novela cuenta la historia de un pueblo remoto entre montañas, presidido por un faro que ejerce de centinela. El día en que el circo llega al pueblo, una extraña presencia va a sumir a la mayor parte de sus habitantes en un misterioso sueño. Será el detonante para que un grupo de chicos y chicas emprendan una aventura para recuperar la vigilia, salvar al pueblo del peligro, y descubrir un secreto que conecta lugares, tiempos y personajes en un intento por preservar la memoria y que Elnora no olvide. Juegan un papel relevante los espejismos, que nos engañan y nos ponen en peligro, y «los guardianes de la memoria», que en la novela están representados por la perfumería de Dolores Ducrot, la tienda de instrumentos Ávalon, la tienda de telas de Celeste o la pastelería creativa de Zoé. Se trata de una reivindicación de los sentidos. Vivimos en un mundo cada vez más visual, plagado de imágenes falsas, manipuladas. En la novela se ponen también en valor el resto de los sentidos como forma de relacionarnos con nuestro entorno y estimular los recuerdos.

¿Cómo ha ido tejiendo un territorio y unos personajes tan mágicos?

La escritura de este relato nació para crear un universo de ficción para mi hija, primera lectora de esta historia, y fue creciendo como una tela de araña hasta convertirse en novela. Quería crear un universo personal, mi propio paisaje de fabulación, al que llamé Elnora, donde se ubica ese faro que da la espalda al mar. El relato terminó siendo una novela coral con muchos de los elementos que me definen.

En Elnora sus múltiples personajes son peculiares y únicos, como la abuela Mow, que teje una manta infinita, o Sigrid, la niña sin voz. Asimismo, en Elnora hay lugares que sirven para configurar ese universo personal que he mencionado: el bosque Laberinto, la agencia de detectives de Thaddeus Fox, la taberna de la Ballena, la lavandería Olsen o, por supuesto, el faro. También hay lugares para el misterio, como el Agujero. Solo con múltiples personajes y múltiples espacios y con una trama que trata de conectarlos, pude crear una historia que se asemeja a algunos de los símbolos que aparecen en ella: el laberinto, la manta infinita, el atrapasueños… porque lo onírico también forma parte de mi literatura, y aquí no podía faltar.

Está muy presente el tiempo, ¿ineludible en toda buena literatura?

Nuestra presencia en el mundo es temporal, y esta constatación hace que uno de los temas principales de la literatura sea precisamente el paso del tiempo. El ser humano vive atrapado en la rutina marcada por los horarios y los calendarios. Se trata de una temática que me ha acompañado inevitablemente en todos mi libros de poesía, y que en esta historia adquiere un papel protagonista. El tiempo en *El faro que no miraba al mar* se convierte en un personaje y, además, configura la trama a través de alternancias temporales. Por otro lado, la novela habla del efecto del paso del tiempo en las personas, de la vejez y sus consecuencias, de ancianos que antes fueron niños, del ciclo natural de la vida. El olvido asociado al paso del tiempo también está presente en la novela, y también la relatividad del tiempo, que es un tema que me atrae mucho.

¿Ha escrito la novela que le hubiera gustado leer si fuera niña?

Antes que escritora soy lectora, y no concibo la escritura de un libro cuya temática, subgénero o estilo no forme parte de mi catálogo lector. Por eso, *El faro que no miraba al mar* contiene todo aquello que me interesa como lectora de este tipo de literatura: misterio, aventura, leyendas y mitos, fantasía, personajes que permanezcan en el recuerdo, lugares mágicos. La poesía siempre se deja entrever en lo que escribo, y aquí también me acompaña. En Elnora también hay una tienda de diccionarios y una biblioteca. El almacén de Angus Moll que aparece en la novela revela mi pasión por atesorar palabras.

¿La literatura de calidad infantil o juvenil no entiende de edades?

Yo he disfrutado mucho de literatura infantil y juvenil siendo adulta. Hay obras maravillosas que precisamente tienen la virtud de ser universales, y fascinan tanto a público de todas las edades como de todas las épocas y lugares. La magia de estas obras reside en abordar temas también universales, jugar con las emociones, con lo simbólico y hacernos soñar. Para mí es fascinante poder disfrutar de obras literarias junto a mi alumnado, a pesar de la edad que nos separa, y compartir el asombro como si las leyera por primera vez. Esa es la buena literatura.

La literatura como amistad
en Corredor-Matheos

Las memorias Corredor de fondo *recorren la extensa
trayectoria del autor de Ciudad Real*

JOSÉ CORREDOR-MATHEOS, (Alcázar de San Juan, Ciudad Real-
1929) es testigo vivencial y presencial de la historia cultural de
España en los dos últimos siglos. Así lo relata en sus memorias *Corredor de fondo*, todo un elogio de la proximidad artística. Un libro que
resume la actividad y el pensamiento de uno de los supervivientes de
la Generación del 50.

La obra está impregnada de riqueza para hacer de una anécdota
un acontecimiento con protagonistas de talla en la enrevesada labor
de deslindar la literatura de la vida ya que «En la biografía más que
mi trayectoria poética está muy presente multitud de personas de
diferentes ámbitos. Con el paso de los años adquieres perspectiva,
algo que te parecía decisivo y crucial, luego resulta que no lo es. Todo
se ve mejor con la distancia. El libro es mi relación con los demás, lo
que he visto y oído».

La truculencia de la Guerra Civil discurre por sus páginas con la
alta percepción sensorial de la niñez, como asevera Corredor-Mateos:
«Los niños son como los animales, inocentes hasta cierta edad; cuando un bebé te mira parece que te cala. Esa humanidad tiene una
visión profunda. Cuando era niño no sufrí directamente el horror
de los bombardeos. Recuerdo que corríamos en la penumbra y co-
míamos medio huevo frito. Un amigo aviador nos daba botes de

mermelada y carne, una vez, equivocado, nos regaló un frasco de caviar». Las memorias apelan y entroncan a la concepción de su autor por la escritura ya que «No he querido hacer literatura abiertamente, sino de manera escueta y directa hablar de la infancia donde puede verse lo lírico. Pienso igual que Juan Ramón Jiménez y Gamoneda que la poesía no es literatura. El literato se siente obligado a escribir. El poeta, lo contrario que diría Antonio Machado».

La amistad era una llave oculta en la posguerra, un pasaporte que rociaba la mediocridad, según el poeta: «La escuela de Barcelona, de Goytisolo, Gil de Biedma y compañía eran muy cerrados; estaban en un círculo muy aislado. Tuve que trabajar desde muy joven y no tuve una vida nocturna de bar como ellos, al que sí traté fue a Costafreda, pero en Madrid, ciudad donde yo iba a la tertulia del Café Gijón de Gerardo Diego en 1957. Me relacionaba con gente como Lizano y Gamoneda, que de aquella no contaba, y, ahora es uno de los grandes, sino el mejor. Entablé amistad con Marañón y José María Cossio. Conocí a muchos poetas catalanes como Salvador Espriu o Carles Riba. A ellos les agradaba que un manchego se peocupara tanto por la cultura catalana».

Corredor de fondo versa también sobre una época de formación, un descubrimiento que fluía con libertad: «Para mí fue fundamental la lectura de la antología de Gerardo Diego de 1934: estaba el mejor Lorca, los primeros Guillén y Alberti o Aleixandre. Seguidamente leí a Juan Ramón Jiménez, Rubén Darío o Machado. También clásicos como Garcilaso, Fray Luis de León, Jorge Manrique. Fue muy importante la colección de libros bilingües que dirigía Juan Ramón Masoliver, donde leí a Pessoa por primera vez. La lectura de Keats, Rilke o Mallarmé llegó a los 17 años», apunta Corredor-Matheos. Época de libros prohibidos que se colaban en la vida de los escritores como perfectos intrusos, la clandestinidad como un universo que brotaba: «Lorca estaba prohibido, luego se empezaron a abrir barreras con el éxito internacional y para disimular su muerte. Juan Ramón

Jiménez se conocía poco y Machado era tolerado y respetado. En la novela comprábamos libros de Dos Passos a escondidas, venían obras de México y Buenos Aires. La labor de las editoriales hispanoamericanas fue importantísima.

El contacto con la Generación del 27, un lujo que queda al descubierto en sus memorias: «Gerardo Diego era entrañable: sencillo, directo, próximo… Empecé a visitar a Vicente Aleixandre hasta que todo el mundo empezó a visitarle y me daba apuro. A Alberti le organicé el primer acto después de la guerra».

Las relaciones literarias como las personales han sentido el sentencioso paso de los años ya que «El mundo es otro más complejo. Hemos pasado del trato personal al *mail*, por tanto, hemos ganado y perdido. Hay demasiada prisa. Antes íbamos del Café Gijón a casa. Vivimos una crisis no solo económica, también está en decadencia la visión del mundo», argumenta Corredor-Matheos.

La relación con la pintura se convirtió en un plus para la creación, en otro aumento de perspectiva: «A partir de 1961 tuve mucha vinculación con los artistas plásticos. Tengo cierto pudor al hablar de poesía en el arte; eres un espectador del mundo de los pintores Hay una especie de condena de los poetas que tienen más tendencia a competir que los pintores. La relación entre ambas artes es estrecha. Uno de los libros más hermosos que he leído son las cartas de Van Gogh a su hermano Theo. Tuve la suerte de conocer a Miró y publicar tres libros sobre él en París. Cuando la poesía se mueve en grupos masivos, no estoy tan cómodo; se pierde familiaridad. Pepe Hierro era un pintor estupendo. En Francia, Baudelaire y Apollinaire eran grandes críticos pictóricos. Ofrecí una conferencia en Japón, una conferencia sobre poesía y pintura porque pienso que allí lo entienden bien».

La vida azarosa del escritor manchego discurrió por el teatro o las editoriales, entre otros campos: «Escribí dos obras de teatro, fui ayudante de dirección. Como actor me fue bastante peor, estaba informado de las obras que se estrenaban en París que luego tratábamos de estrenar aquí. A través de mi trabajo en la editorial Espasa Calpe coordinando los suplementos de la enciclopedia tuve cercanía con gente de diferente índole: desde la astronomía al arte».

Y el futuro, repleto de requiebros e incógnitas, es observado así: «Empleando un oxímoron: "soy moderadamente apocalíptico". Pese a todo soy optimista. Todo se acaba y renueva. Como saben los egipcios el trigo ha de enterrarse para que brille». Ahí queda la equivalencia de *Corredor de fondo* con una película, como afirma Corredor-Matheos en sus páginas finales, rematado y coronado con un flash final: «No he podido escapar como un personaje de Woody Allen. Ahí están el bien y el mal equilibrándolo. A pesar de la sed de afirmación y ambición del ser humano el final puede ser esperanzador».

Darío Jaramillo:
«El único género de la literatura es la poesía»

U NA APUESTA valiente y deliberadamente decidida es la de aunar la crónica periodística de Latinoamérica revertida en prosa
vivaz. El escritor Darío Jaramillo (Antioquia, Colombia, 1947) ha
sido fiel a tal empeño con la edición del libro *Antología de la crónica latinoamericana actual*, una miscelánea de textos que conforman
un continente. Este autor, cuya fuerza expresiva se moldea desde la
sencillez hacia la emoción tanto en la novela como en la poesía, es
una brújula altamente orientativa de la literatura en castellano. Darío
Jaramillo viaja con frecuencia desde Colombia a España trayendo
consigo el viento cálido de la palabra.

**Ha seleccionado a numerosos autores en la recién publicada *An-
tología de la crónica latinoamericana actual*, ¿periodismo y literatura son caminos que se entrecruzan?**

Si la literatura es la escritura como arte, entonces tendríamos que
contemplar que cuando el periodismo alcanza a ser arte, pues es literatura. Mi antología quiere mostrar crónicas que son buena, excelente
literatura. El criterio de selección de las crónicas, el primero de todos,
fue ese, que produjeran la emoción propia del arte literario.

**En ella proliferan nuevas voces, ¿es inagotable la cantera de na-
rradores en castellano?**

Estamos en un gran momento. Si el formato lo hubiera admitido,
tendría que haber incluido muchas más crónicas. Los resultados, en
este momento, son excelentes. Además hay interés en el tema: los
talleres que se organizan alrededor de la crónica son exitosos, las fa-

cultades de periodismo están interesadas, hay magníficas revistas en papel, comienzan a aparecer revistas virtuales especializadas, somos la simpar Anfibia.

En su caudalosa obra intercala la poesía con la novela, ¿es tumultuosa esa relación?

El único género de la literatura es la poesía. La capacidad de alucinar con la palabra. La poesía en forma de poemas es el más difícil de los géneros, pero eso no excluye buscar la emoción poética a través de otros géneros, como la novela.

¿Están España y Latinoamérica condenados a entenderse en la literatura y en la vida?

Sí.

¿Es el vínculo poético una herramienta fuerte de unión a un lado y otro del charco?

También sí. Aunque la poesía es un género muy local, con poca difusión internacional por parte de las editoriales, eventos académicos y festivales contribuyen a mutuo conocimiento entre los poetas, cuestión que es muy enriquecedora porque cada día uno descubre poetas muy diferentes entre sí. Por otra parte, al contrario de la lógica capitalista, en poesía no hay metrópolis ni provincias. El poeta más atrevido y más interesante puede estar en un sitio tan fuera del centro como Santo Domingo o como Medellín, puede estar en Murcia o en Logroño, en Granada o en Cádiz.

¿Han de ser las nuevas tecnologías las que se adapten a la literatura y no a la inversa?

Hay una interacción, una dinámica que cada día produce distintos y hasta contradictorios resultados.

¿Está el mundo para escribir una novela apocalíptica o un poema de denuncia?

Esta no es la única disyuntiva. El mundo está para tomar el más inesperado curso, el menos predecible.

Los poetas impacientes

José Luis Rey:
«El poeta es el más libre de todos los escritores»

CON PRECISIÓN de relojero José Luis Rey (Puente Genil, Córdoba, 1973) estruja y exprime el lenguaje hasta alcanzar cotas de maestría poética. Este doctor en Literatura Contemporánea se distingue en el verso de una admirable humanidad que obsequia luz a las grietas del ser. La elegancia literaria en las formas y en el fondo le han hecho recibir premios como el Gil de Biedma con *La familia nórdica*, Loewe con *Barroco* o recientemente el Tiflos con la obra *Las visiones*. Este último libro constata la depuración del idioma de un poeta que ama la belleza por encima de todo. José Luis Rey es un grafómano con el incontestable e inconsolable vicio de la escritura sin dejar pasar por ello el aire limpio de la vida.

Aprovechando el título de su último libro, ¿el arte no deja de ser una visión?

Siempre me ha interesado lo visionario en el arte. Los pintores y poetas (y diría hasta músicos) que más me interesan son los visionarios. El poeta visionario va mucho más allá del poeta realista; no niega la realidad, pero la amplía, la hace más profunda y simbólica, más transcendente. Lo visionario es la capacidad de ir más allá de lo que observamos a simple vista. Por ejemplo, Paul Klee es un pintor visionario. Sus elementos, tomados de la realidad, nos hablan al mismo tiempo de otra realidad mayor. Esto es lo que me interesa del arte.

En *Las visiones*, como en otros libros suyos, hay abundancia de hechos histórico. ¿Es la poesía adecuada para revisar la historia?

Para mí todo puede ser excusa para un poema. Lo mismo un hecho histórico que un episodio bíblico que un humilde plato de sopa. En este sentido, lo histórico es solo un elemento a transformar más para lograr una poesía transcendente. Pero lo que menos importa es el argumento suponiendo que en poesía haya argumento. Lo que menos importa es la excusa temática. El poema ha de existir por sí mismo y llevarnos de la mano a otra realidad mayor.

Se siente deudor de poetas como Juan Ramón Jiménez, Claudio Rodríguez o Gimferrer. ¿Qué aprendió de estos maestros?

Ha citado usted a tres de mis poetas favoritos del siglo xx. Son muy distintos pero tienen algo en común: la gran calidad de sus respectivas obras. Juan Ramón Jiménez lo fue todo para mí en la adolescencia y lo sigue siendo aún hoy; de él he aprendido la exigencia constante, la ambición, el sueño de lograr lo más alto con lo más humilde que tenemos, las palabras. Del gran Claudio, el impulso vital, el don de la celebración de la vida y el mundo. Y de Gimferrer, el cuidado estético, la emoción perfecta, el esplendor. Y, en el plano personal, también he aprendido de Gimferrer generosidad; él siempre ha sido muy generoso conmigo.

¿Los premios son la única garantía de supervivencia económica del poeta?

Los premios vienen muy bien, pero no solo por su cuantía económica, también por la mayor rapidez en la publicación del libro. Para un autor que acumula libros inéditos como yo, una mayor diligencia en la publicación es algo que se agradece.

¿Han sido más farragosas que estéticas las disputas entre las corrientes poéticas de España?

A mí me encantan las disputas estéticas, siempre que no sean motivadas por el resentimiento o la envidia. Lo más habitual en España es que dicho resentimiento y dicha envidia estén detrás de las disputas, como la que enfrentó a la diferencia con la experiencia. Pero mientras se haga honradamente, y solo por principios estéticos, una discusión sobre poéticas o estilos puede ser muy enriquecedora.

¿Qué tiene Andalucía para ser una tierra tan fértil para la poesía?

El poeta ha de nacer bajo un cielo claro, según Nietzche. Andalucía tiene una larga tradición poética. Los mayores poetas españoles suelen ser andaluces: Góngora, Juan Ramón, Lorca, Cernuda… Sin embargo, grandes poetas como Gimferrer o Claudio Rodríguez, ya mencionados, no son andaluces. La patria de un poeta es la palabra y su estirpe estética; esa patria es la que se elige, no la que se nos da.

¿Ha perdido ambición la literatura en pos de las ventas y el *marketing*?

Yo creo que la verdadera literatura sobrevivirá a las novelas históricas y las otras ofertas masivas del mercado. No nos engañemos: la literatura es cosa de pocos, de una inmensa minoría. Máxime en el caso de la poesía, que compran y leen mayoritariamente los poetas. Pero esto, me parece una desventaja, también puede ser una ventaja: al no estar la poesía determinada por tendencias de mercado, el poeta es el más libre de los escritores; puede escribir lo que le venga en gana, experimentar, equivocarse, cambiar de rumbo… Puede ser él mismo siempre y no ceder nunca a ninguna moda. Esto es lo que yo he intentado hacer, al menos.

¿Qué postura puede adoptar un escritor en estos tiempos tan nefandos?

La de escribir, la de no ceder a la pereza y al qué más da ante la desidia y la impotencia de políticos y gestores. La escritura es la última forma de resistencia; el lenguaje no pueden quitárnoslo. Hay que recordar el gran poema de Blas de Otero, el que aseguraba que nos queda la palabra. Confiemos en ella para salir adelante.

El fuego sagrado de González Iglesias

El poeta salmantino publica Confiado

L A HEREDAD incuestionable del mundo clásico y su nave propulsada de sabiduría, además del conocimiento del oficio de escritor, que solo otorga el poso lento de los años, son férreas herramientas en la poesía de Juan Antonio González Iglesias (Salamanca, 1964). Acaba de ver la luz su última obra, *Confiado* (Premio Internacional Ciudad de Melilla), una obra que se deposita en la confianza y en la sinceridad; valores que deberían cotizar al alza según el autor salmantino y que defiende así: «La idea es huir del cinismo contemporáneo, que no es el cinismo de la antigüedad de Diógenes. He tomado una cita del escritor Tomas Transtömer que dice: "Hay uno que pueda verlo todo sin odiar". El cinismo actual es estar de vuelta y burlarse con odio mientras yo creo que el poeta debe sostener el mundo con la palabra amor. Estamos en una época donde se impone lo contrario: contrarrestar y mermar al otro como ideal romántico. Yo soy clásico y pienso que lo más fácil es hablar mal de los demás, mejorarlo y proyectarte en la otra persona es más difícil: es lo que yo he intentado». Una apología de la sencillez travestida en la belleza de lo primigenio: «No ha sido nada fácil. El libro es proyecto, voluntad y un acto deliberado hacia algo. Hemos de dirigirnos al futuro para esperar que sea mejor. Apuesto por la gente sencilla. He optado por un trago de agua mineral en lugar de un cóctel. La sencillez llega a cualquier parte. La complicación no conduce a nada y nos puede llevar a la pura perversión».

Un libro que destila esencia de agua pura y fuego sagrado en medio de máximas poéticas y bíblicas que se alzan para revertir y mejorar el mundo: «La idea es que el logos, lenguaje de la antigüedad, puede sostener el mundo. El lenguaje tiene dimensiones cosmológicas». La depurada fuente inagotable de los clásicos aparece recurrente tanto como sólido argumento literario, así como también para una terapia de choque para soportar los envites del mundo: «No hay mejor agua para este momento, tal y cómo está el panorama de aguas turbulentas. A pesar de que muchos escritores contemporáneos dicen no haberlos leído, pienso que son indispensables. Y para la propia formación del ciudadano los considero imprescindibles». Unos valores que conocen la doblez de los regresos y cuya actualización debería siempre ser tarea del presente: «La construcción del ideal clásico y su canonización es lo más parecido a la eternidad. Ellos están ahí, siempre cercanos, hay una sentencia de esa época que dice: "el bien siempre está disponible". Hay que recuperarlos y pueden volver a estar de moda. Lo ideal es empezar por la educación, luego trasladarlos a la cultura, la música…».

En toda la obra poética de González Iglesias el deporte adquiere categoría y rango de arte sublime: «Está presente esa rima griega de atleta y poeta, que tienen varias facetas comunes. La poesía es el deporte del lenguaje. Tanto deporte como poesía exigen sacrificio y renuncia para llegar a metas increíbles, que rozan lo divino. Me permite compartir mi mundo de manera física con mi soporte griego».

Las plataformas de la red que nos remiten a un poema con un clic tienen su haz y su envés para el autor salmantino: «No estoy muy al tanto de lo que se escribe en las redes sociales. La poesía ha conseguido mutar a Internet y su mundo con un lenguaje verdadero: encuentras poetas nuevos y traducciones al instante. Sin embargo tiene el reverso horroroso de ser tremendamente cuantitativo de juzgar el contenido de una página literaria por el número de visitas. Hay que acabar con el tópico de que lo numeroso es mejor».

La reposada y elaborada concepción de *Confiado* tuvo lugar en la Villa Marguerite Yourcenar de París gracias a una beca del Dèpartement du Nord; un tiempo para encontrar el equilibrio como vía libre para la creación de este profesor de literatura y lenguas clásicas en la Universidad de Salamanca: «He ido tomándome mi tiempo y he contado con la confianza que ha depositado en mí una institución pública. Este libro es un mundo de momentos, lo he escrito en unos meses perfectos para lo que quería y rodeado de excelentes escritores. Además, sin fetichismo cultural alguno, Marguerite Yourcenar es una de mis escritoras favoritas; siempre me ha acompañado».

Héctor Pérez Iglesias:
«La escritura es una excusa
para seguir avanzando»

«La oficialidad del asturiano es la supervivencia
del idioma, más allá de lo literario»

A TRAVÉS DE la comedida invitación que otorga la soledad Héctor Pérez Iglesias ha ido articulando una pujante obra poética en asturiano, a la que se suma *Horizonte de socesos*, un poemario donde la carne humana siente el poso de las fuerzas de la naturaleza y el tiempo se parece a una carretera remota. La intimidad trascendiendo al mundo, asomando su libérrima faz, para conseguir lo que en *llingua* asturiana se dice un *rellumu*: «Con tantes/ estrelles ardiendo dende fai yá/ tanto, nada/ tien d'estraordinario que munches/ nueches sintamos/ que nos afuega/ el fumu».

¿Se buscan horizontes al escribir?
Siempre. Como alcanzar un horizonte la escritura nunca es un fin en sí mismo, solo una excusa para seguir avanzando: no hay meta a la que llegar porque cada paso amplía el paisaje por el que se transita. Y ya en lo particular, como escritor, para mí es indispensable que cada libro suponga un horizonte nuevo, que al acabar uno se abran nuevos caminos, porque no me gustaría repetirme o «sedentarizarme» como autor, por eso intento que cada libro sea algo diferente del anterior y si no veo una ruta para conseguirlo prefiero no escribir o al menos no publicar.

Como muestran muchos poemas, ¿la astrología o la astrofísica marcan más nuestra vida de lo que pensamos?

El poemario tiene una carga cientificista importante, aunque sin olvidar nunca que se trata de literatura, y de hecho uso todas esas referencias más como símbolos de lo humano que como reflexiones sobre si nuestras vidas las gobiernan fuerzas naturales o místicas (en lo personal me inclino exclusivamente por lo primero, pero también hago referencias astrológicas porque me sirven para introducir el componente irracional que forma parte de nuestro comportamiento habitual). La idea básica del poemario se estructura en torno al concepto del horizonte de sucesos, que es una de las partes de un agujero negro, y por eso quise jugar mucho con conceptos astrofísicos, pero como digo solo como metáfora: el horizonte de sucesos como esa línea imaginaria que todos atravesamos alguna vez en la vida, la mayoría sin ser conscientes, a partir de la cual no es posible retroceder porque algo empieza a tirar de nosotros hacia un destino incierto.

¿Es involuntaria o estudiada la sinceridad que transmite su poesía?

Yo diría que es inevitable, tal como yo entiendo la escritura: si no estoy dispuesto a ser impúdicamente honesto creo que el poema se queda en una tierra de nadie que personalmente no me llena y me deja la impresión de que no va a conseguir ser un instrumento de comunicación eficaz. Pero sinceridad no es lo mismo que realismo, y lo cierto es que pocas veces utilizo anécdotas reales en lo que escribo, para mí lo importante en este sentido es la honestidad en la emoción o sentimiento que se quiere trasmitir, no las herramientas literarias que se usen para lograrlo.

Hay momentos en la historia en que la literatura repunta. ¿Ha modificado hábitos en la lectura la pandemia que pueden parecer estables?

Yo soy de los que cree que objetivamente vivimos en la época histórica en la que más se está leyendo y escribiendo, podría discutirse sobre los formatos, pero incluso la literatura es un género en auge (aunque también me parece que habría que ir redefiniendo y ampliando el propio concepto de literatura). La pandemia por su excepcionalidad supuso un hito puntual muy reseñable, pero creo que no marcará en realidad un eslabón significativo en esta evolución más global impulsada básicamente por los avances tecnológicos y que viene ya de varios años anteriores. Esta realidad de la situación, más que como escritor, me toca ir viéndola desde mi faceta laboral, que es la bibliotecaria, y por suerte puedo decir que el gusto por la lectura se mantiene.

¿Cómo se perfilaría el panorama literario en asturiano si la *llingua* es declarada oficial?

La oficialidad del asturiano va más allá de sus repercusiones en la literatura, se trata principalmente de una cuestión de la supervivencia de un idioma y de respetar los derechos de sus hablantes. Una literatura por suerte no depende de la oficialidad de la lengua en que se escribe, y el caso del asturiano es paradigmático, pues lleva varias décadas alcanzando unas cotas de calidad muy reseñable sin este aval administrativo. Aunque lógicamente la oficialidad tendría repercusiones muy positivas en el aspecto literario, porque como digo principalmente lo que se conseguiría es impedir la desaparición de un idioma, se ampliaría la posibilidad de que más gente lo conociera (crecería su presencia en la educación) y se normalizaría como lengua tan válida como cualquier otra para expresarse (mayor presencia en medios de comunicación): con todos estos ingredientes se lograría que más personas lo vieran y sintieran como herramienta para conocer y compartir su relación emocional con el mundo y la sociedad, que, en definitiva, es lo que intenta en buena medida toda literatura.

Los versos del ciudadano Óscar Hahn

Los espejos comunicantes, última obra del poeta chileno,
fue galardonada con el premio Loewe

A MEDIO CAMINO entre Estados Unidos y su Chile natal guardando palabras como billetes de avión, Óscar Hahn (Iquique, 1938) vive con encomio y pasmosa naturalidad la poesía. *Los espejos comunicantes*, su última obra, que consiguió el premio Loewe el pasado año, no posee un propósito preconcebido según su autor ya que «Nunca escribo un libro con un propósito predeterminado. Los poemas me van saliendo uno tras otro y en algún momento dejan de salir. Entonces ya sé que tengo un libro.

Puedo darme cuenta *a posteriori*, como cualquier lector, si hay alguna idea central que lo rige, pero eso es todo. Ahora, si presentan o no al ser humano desnudo ante sí, no lo sé. Una vez publicado, el libro deja de pertenecerme y cada lector es libre de interpretarlo como quiera». Hay en su poemario un estado de alerta permanente del poeta que se siente ciudadano, y a la inversa. Un sentimiento y sentido que proclaman retocar los abismos negros de la sociedad: «Siempre trato de no hacer declaraciones generales sobre la poesía como género y por lo tanto nunca le doy normas a los demás acerca de qué deberían hacer o no. Ahora, en mi caso particular, hay un sector de mi poesía que realmente es representativa de mis preocupaciones o convicciones como ciudadano que vive en el mundo actual. Esta preocupación, inevitablemente, se traslada a mis poemas». En sus versos late una preocupación velada de dar testimonio de acontecimientos y personajes históricos; la historia como un argumento inacabado: «Los temas y personas históricas simplemente afloran en mis poemas como por su cuenta. No elijo racionalmente, como tampoco elijo con qué o con quienes voy a soñar esta noche. Están en algún lugar de mi mente y de pronto emergen en el poema. Obviamente no son los únicos. ¿Por qué salen unos y otros no? He ahí el misterio».

Valora que el tono lírico no esté exento de un toque de ironía o humor, ácidas gotas cuidadosamente administradas que se vierten sobre el texto con efectos colaterales: «Si hay ironía o humor en lo que escribo no es que yo me proponga incluirlos. No es que me siente frente a la página en blanco y me diga: voy a ser irónico o cómico. Nada de eso. El tono sale solo. Por ejemplo, si una persona tiene miedo y habla en un tono miedoso, no es porque haya decidido hablar así. Le viene de adentro. A mí me pasa lo mismo». Sobre si ha logrado una tónica que condense su producción poética: «No empecé a escribir para ilustrar una poética. Supongo que se fue desarrollando paulatinamente a través de los años. Como en mi caso el tiempo transcurrido es largo, si miro retrospectivamente quizás pueda vislumbrar una poética. Pero yo prefiero no racionalizar este tipo de cosas. Le dejo el problema a los profesores de literatura». La poesía de Óscar Hahn tiene una presencia del sexo nada disimulada: «El libro mío más ligado al erotismo es *Mal de amor*. Fue el único libro de poemas prohibido por la dictadura de Pinochet. Es curioso, por decir lo menos, ya que no es un libro político. El erotismo cuando más sutil más eficaz es. Hay que dejar espacios a la imaginación». La relación poética transcontinental entre España y América Latina, siempre a vueltas con momentos de concordia y desacuerdos, aunque siempre hermanados por la luz transparente del idioma, es evaluada así: «Es una relación difícil, que ha tenido muchos altibajos. Fue muy buena en los años de la Generación del 27. Poetas como García Lorca, Alberti, o Pedro Salinas, y más adelante Miguel Hernández, eran muy populares en Latinoamérica y muy influyentes. Después se empezó a producir un distanciamiento que no ha parado. Por ejemplo, el desconocimiento que hay en Chile de la cultura europea de los años cincuenta y posterior es muy notorio. En cambio en España no es así con los poetas hispanoamericanos de este mismo periodo. Siento que los españoles han sido más generosos». El poder magnético de Chile para aportar algunos de los creadores más lúcidos de la historia de la poesía y ese peso de su tradición que se renueva cíclicamente con vigor y celeridad lo valora así: «Es algo inexplicable. Chile es un país bastante complicado para ser poeta. Hay nombres demasiado grandes para un país tan pequeño. Nada menos que dos premios Nobel y varios candidatos a serlo. Esos poetas, paradójicamente, han tenido una influencia al revés. Todos tratan de no escribir como ellos. Si lo hemos logrado o no habría que verlo».

Joaquín Pérez Azaústre:
«La poesía es un ejercicio de solitaria libertad»

D E LA Andalucía siempre tan proclive a la lírica emerge con soltura y vehemencia la palabra de Joaquín Pérez Azaústre (Córdoba, 1976). Escritor aventajado de su generación que cuenta con el respaldo de crítica y voces de exigentes escritores. Autor de novelas de largo recorrido como *La suite de Manolete* y *Los nadadores*, y poeta de hondo y significativo calado con premios como el Adonáis o el Loewe. Prueba fehaciente de ello es su último poemario *Vida y leyenda del jinete eléctrico* (Premio Jaime Gil de Biedma), un libro que sostiene que la calidad poética y el testimonio de denuncia no son inseparables; en sus versos brilla el empaque de la vida.

¿Cómo afrontó la escritura de su nuevo libro tan extenso y ambicioso en el fondo y en las formas?

Siempre me ha gustado mucho el cine. Hace unos veinte años, cuando comencé a ver películas de Robert Redford –protagonizadas, producidas o dirigidas por él–, comprendí que, más allá de su fachada de «chico de oro», ahí había una poética, con temas troncales que podían construir un discurso: los derechos individuales, la libertad de expresión frente al control del Estado, las políticas penitenciaras, la protección de la naturaleza como última identidad del hombre… Estos temas y otros están en *Todos los hombres del presidente, Tal como éramos, Brubaker, El candidato, El río de la vida* o *El jinete eléctrico*… Siempre pensé que un poema largo con ese telón de fondo podría plasmar parte de los conflictos del siglo veinte, y también explicarnos como sociedad.

Entonces, ¿la educación sentimental ha de estar presente en la obra de un escritor?

La educación lo es todo: en la emoción, en el civismo y en el ejercicio del arte. Si a eso unimos la vivencia, tenemos la textura para configurar a un individuo, porque somos lo que vivimos, lo que leemos, los países que conocemos… Y todo eso está en la escritura.

¿Se puede hablar de un cambio poético en *Vida y leyenda del jinete eléctrico* con respecto a su anterior libro *Las Ollerías*?

Efectivamente, sí. Son libros muy distintos. El discurso en *Las Ollerías* es confesional, con un coloquialismo de afirmación vital, a través de ciertos símbolos familiares y urbanos, para enmarcar una identidad. Con *Vida y leyenda del jinete eléctrico*, la épica pasa del nivel individual al colectivo, y además aparece un discurso social y político no solo a través del cine, sino también del mundo grecolatino. Como este verso: «Patroclo sin jubón acampa ante el congreso»: porque me parecía que, ante la quema general de nuestras garantías sociales, la auténtica Ilíada se estaba librando en las manifestaciones de Madrid; pero ya no por el tesoro de Príamo, sino por nuestros derechos. Todo esto está en el poema largo, que permite ese caudal crítico, porque nosotros somos el Jinete.

Ha coordinado los encuentros «Cosmopoética» en Córdoba, ¿cómo se consigue poetizar toda una ciudad?

No se consigue. Hombre, siempre puedes empapelarla con miles de carteles. Pero la poesía, verdaderamente, es un ejercicio de solitaria libertad que se ejerce leyendo. Eso sí, durante mis dos años impulsamos varios talleres, también para mayores, entendiendo que, antes que escritores, tenemos que formar lectores, para que la lectura de un poema sea más asequible a una porción mayor de gente. Siempre puedes subir a Sabina o a un premio Nobel a un escenario a recitar, y seguramente estará muy bien, porque llenarás el auditorio; pero al auténtico lector has de darle herramientas para entender un poema, para que al acercarse a Verlaine o a Pablo García Baena se familiarice con sus códigos.

Como escritor premiado tanto en prosa como en verso, ¿son los premios una garantía económica para la supervivencia del escritor tantas veces negada?

Bueno, son una ayuda. Pero el escritor vive cada mes, y cada mes debe tener ingresos. En mi caso, desde los 18 años colaboro en distintos periódicos. Pero siempre es difícil.

Un difícil dilema, ¿poeta metido a novelista o novelista metido a poeta?

Escritor, sencillamente. De novelas, de poemas y de artículos de opinión. Cuando gané el Premio Adonáis de poesía ya tenía firmado mi primer contrato con Ediciones B para publicar mi primer libro de narrativa, un conjunto de relatos que se tituló *Carta a Isadora*. Ahora es mi novela *Los nadadores*, editada en Anagrama, mi primer libro en traducirse a cuatro idiomas. Y *Vida y leyenda del jinete eléctrico*, publicado en Visor –como casi toda mi poesía– ha sacado ya la segunda edición. Escritor, escritor y escritor.

Precisamente, el hecho de ser un autor traducido a otros idiomas, ¿le otorga una mayor perspectiva como escritor?

Al menos, una perspectiva más amplia. Y una visión internacional de la escritura, sin deberte a una única realidad. El peor enemigo de un escritor es su espejito mágico.

La canción trascendental de Vicente Gallego

Aparece el poemario Ser el canto, *galardonado*
con el premio Generación del 27

U NA INMENSA canción circular que posee 50 poemas englobando
y rodeando a la vida y el mundo. Es el contenido esencial de *Ser
el canto*, premio de poesía Generación del 27 y último poemario de
Vicente Gallego. Una obra de corazón, de aliento puro, en comunión
con los milagros cotidianos de la naturaleza.

Vicente Gallego desvela así las incógnitas del planteamiento y *leit-
motiv* del libro: «El título afirma que el ser real –es decir, la plenitud
de conciencia– y el canto –es decir, la gratitud incondicional– son
una sola verdad o, si se prefiere, la verdad y su expresión necesaria
como asombro y gozo de vivir tan abundante. ¿Podemos separar pe-
nas de alegrías? El amor ama el mal, pues ama el bien. Así pues, la
función de la poesía, que expresa lo más fino del sentir universal y
no la opinión de un parroquiano, es resolver en canto sostenido la
aventura apasionante de vivir».

Muchos de los poemas contienen interrogantes, ante el dilema de
si la poesía es una pregunta, sostiene: «En poesía las preguntas actúan
muchas veces como afirmaciones hiperbólicas, y creo que esa es la
dirección a la que apuntan muchos de los interrogantes que abren
estos versos».

En *El ser y el canto* Gallego opta por un verso breve y conciso, algo
que resume así: «En un libro, cuando se escribe con la humildad que
requiere todo acercamiento al ámbito de la poesía, uno no puede

optar por nada, aunque parezca todo lo contrario. Es el idioma el que se está manifestando, y debe hacerlo según necesidades internas en este instante irrepetible de la creación. Decía César Simón que el que tiene algo que decir, obedece; y que aquel que no obedece solo juega. El concepto de autor debe referirse, sin excepciones, a un fantasma, a ese que jamás está presente cuando la verdad poética se impone».

Con *Cuaderno de brotes* y *Saber de grillos*, sus anteriores libros, y esta nueva obra el poeta valenciano parece haber abierto un nuevo proceso de escritura, aunque: «No estoy en la posición más apropiada para valorar ese tipo de cuestiones, pues no sé nunca dónde va a llevarme la poesía. Pero en este caso, como hablamos de etapas cubiertas, creo que lo que usted ve en esos libros es una clara vocación de caminar hacia un mayor despojamiento, que es el único camino fiable que se extiende de continuo bajo nuestros pies. En eso quisiera estar a jornada completa, ha llegado un momento en que veo muy claro que es tan importante lo que uno escribe como aquello a lo que renuncia».

Es apreciable y remarcada una evolución desde sus primeros poemarios, cercanos a la poesía de la experiencia, pasando, después, por un tono más existencialista, hasta llegar al momento actual: «Yo lo resumiría mejor así: han tenido que pasar muchos años hasta que la poesía ha infundido en mí el respeto que se le debe. Publiqué muchas cosas –meros caprichos y atrevimientos de principiante– que no eran poesía de la experiencia ni de ninguna otra clase, porque la poesía verdadera no admite etiquetas. No es que piense que ahora estoy en posesión de la verdad poética, pero al menos tengo claro que voy a tratar de ofenderla lo menos posible».

El magisterio de Francisco Brines es más que evidente en Vicente Gallego: «He manifestado mi agradecimiento a Paco y su magisterio humano y poético en muy diversas ocasiones. Sin su ejemplo, todo habría sido mucho menos sencillo y hermoso. Él me enseñó respeto por lo que llama "la fatalidad de la poesía", que en tantas ocasiones lo ha señalado».

El grupo de Valencia es un término que se acuñó para englobar a una seria de escritores, entre ellos Carlos Marzal, Miguel Ángel Velasco, y el propio Gallego que descree de la verosimilitud de tal movimiento a la hora de definirlo: «Le aseguro que no traficamos con armas. Bromas aparte, eso de los grupos siempre me ha sonado un tanto artificial, como si uno cogiera un zapato y se empeñara en tallarle un pie a medida. Hay gente en Valencia, a la que quiero y admiro, que está haciendo cosas verdaderamente interesantes en cuanto a la poesía se refiere. Incluso hay rasgos compartidos, pero de eso a hablar de un grupo, creo que resulta un poco engañoso. En poesía, cada cual propone desde su senda retirada».

Si la narrativa exige trabajo y constancia, la poesía requiere «Absolutamente nada, cuanto amo y soy, se lo debo a ella, porque es ella la que puso estos ojos de rodillas». Aseveración indisoluble de poeta.

Antonio Lucas:
«En este tiempo la literatura es el payaso de las bofetadas»

«He sentido la necesidad de expresar momentos anímicos en medio del barranco». «El poema debe encaminarse al camino de las respuestas»

EL PERIODISTA y escritor Antonio Lucas (Madrid, 1975) estima la potestad y utilidad de la cultura para expresar los vericuetos de la realidad a fuerza de renglón. Recientemente ha publicado el poemario *Los desengaños* (Premio Loewe), donde la literatura transpira libre y traspasa el cristal. Versos que buscan cobijo en la irremediable intemperie para conformar un mapa humano. Un latido consistente para cerciorarse «ahora que vivir es un verbo inseguro».

A propósito de *Los desengaños*, ¿es inevitable hoy a la hora de escribir referirse a la crisis?

No creo en absoluto que tenga que ser necesario. Pero como ciudadano estoy muy atento a lo que sucede hoy en día, que no es poco. Y en los textos de mi libro está muy presentes la crisis social y económica. He sentido la necesidad de ese pulso para expresar momentos anímicos en un tiempo en el que estamos en el barranco.

A raíz de todo ello, ¿la inestabilidad y la incertidumbre son una buena génesis para el verso?

Sí, si la poesía algo tiene es que es un alero de incertidumbre y vértigo. Hablar de este aspecto es hablar de la historia misma de la poesía. Ha de ser un estímulo, un enclave al que referirse y un encaje que sirva para mejorar la realidad. No me gusta que sea un punto de fuga y huida sin anclaje alguno con la vida y la sociedad.

¿Le interesa contar cómo toda esa lava inunda las relaciones humanas?

Claro, es significativo cómo el momento social incide en las relaciones humanas. No se puede estar al margen de la vida. Dentro de las coordenadas duras de este país me interesa la relación de dos personas al abrazarse. La poesía es geografía y rebeldía igual que la manera de un niño de decir que no. Aprecio mucho ese valor por encima de estilismos y ornamentaciones.

¿A qué reconocimiento y cotas poéticas se puede aspirar después de un premio Loewe?

Ni espero más ni menos después del premio Loewe. Aguardo que el lector curioso se acerque a la obra y sean cómplices. El galardón cuenta con una gran escudería de poetas, entre los que está algún que otro amigo. El premio Loewe es para mí un motivo de comunión.

¿Debe un escritor hacer preguntas o dar respuestas?

Quizás por planteamiento la poesía, en concreto, puede plantear las preguntas. Pero el lector más que claves tajantes para su vida ha de hallar pistas para entenderse a sí mismo y al mundo. Creo que el poema nos debe encaminar a encontrar el camino de las respuestas.

¿Es necesario para el periodismo cultural perder cierto tono críptico para llegar al gran público?

En este momento delicado en que vivimos la literatura es el payaso de las bofetadas; el primero que cae. En este tiempo áspero y dentro de la plaza pública de un periódico con todo lo que conlleva la severidad de la información económica y los sucesivos e interminables casos de corrupción, la cultura ha de tener validez y librarse de tal ponzoña. El periodismo cultural además de ocuparse de autores consagrados ha de ser exigente en su discurso de hallazgo de nuevos valores, que no salen habitualmente en los medios, respetando y propagando movimientos y autores. Debe de ser un medium para el periódico.

Dentro de los círculos culturales y sus inevitables vueltas, ¿es libre y objetiva la crítica literaria en nuestro país?

La crítica literaria está desde hace tiempo en horas bajas, y desde hace tiempo ya no es referente. Hoy en día goza de muy poco espacio: es muy difícil dar cuenta de todo lo que es un folio en medio, manteniendo todo el discurso que merece todo ello. Además cada vez es menos libre y está muy sometida y adocenada por las presiones de los grandes grupos y poderes editoriales y periodísticos. Los suplementos literarios cada vez tienen menos espacios; la crítica literaria ha perdido la solvencia que poseía antaño.

Miguel Floriano:
«Los artilugios literarios nos sobreviven»

*«La poesía es un género de memoria, pero también
tiene un vínculo estrecho con la fantasía»*

MIGUEL FLORIANO, (Oviedo, 1992) atesora, pese a juventud, una extensa carrera poética. Un espacio que vuelve a llenarse con la edición de *La ballena loca*. Un libro que viene de la mano de otro de aforismos titulado *Descortesías*: Floriano es un poeta con el encanto de saber contar y del mismo modo conseguir que las metáforas luzcan. Dotado de un amplio sentido de la observación, en el que se entremezclan ficción y realidad, para comprender que escribir un buen poema como la vida es siempre una lección que jamás se acaba de entender.

¿Es un libro de homenaje y veneración a la figura de su abuelo con todos los artefactos literarios?

Sí, pero pretende ser algo más que eso. Mi abuelo falleció en marzo de 2024, después de unos últimos tiempos muy tristes, donde ya le era imposible dar expresión a nada. Un hombre como él, siempre lúcido en palabra y pensamiento, siempre honesto, vivió sus últimos años en un silencio que no deseaba. Escribí un poema que después leí en su funeral, delante de todos los que le querían. Ben Clark, mi editor, sugirió que utilizara el título de ese texto para el libro. *La ballena loca* recoge la filosofía de aquel cuento que, con su relajante humor, me contaba habitualmente. Nunca deberíamos dejar de comprender, nunca deberíamos extraviar nuestra curiosidad, que nos mantiene alerta frente a un mundo excesivamente cambiante.

Ha sabido llevar el recuerdo al presente con la literatura…

Bueno, es el sustento del viejo conflicto modernista: estamos de paso, únicamente de paso, y el poema nos permite dejar una huella de él, de ese contacto con lo verdadero, plantándole cara con ciertas garantías a la muerte. Los artilugios literarios nos sobreviven. Con los recuerdos uno tiene quizá una relación demasiado sentimental: muchas veces los proporciona la imaginación. Cuestión de carácter. Los poemas –los versos, si me apuras– siempre aspiran a no ser históricos, sino memorables. Pocas veces lo consiguen, por supuesto.

Es también una interpretación del tiempo, la vida y la muerte

A eso es imposible escaparse. El propio lenguaje ya hace interpretaciones incluso en su uso ordinario, sin que nosotros tengamos posibilidad de escamotearlas. El lenguaje nos va diciendo a nosotros. El poema puede hablar de cualquier cosa, pero siempre va a perfilar la relación que mantiene la voz que habla, finita y condenada, con esa «cosa». Es decir, que articula o transparenta una sensibilidad, y cualquier sensibilidad descansa sobre el tiempo y su manera de afectar al sujeto.

¿Es la poesía un espacio de memoria?

De memoria estamos hechos, por tanto, sí, la poesía es un espacio de memoria. Pero la memoria tiene también un vínculo estrecho con la fantasía, sin la cual sería muda.

***La ballena loca* denota su fervor por la poesía inglesa**

Es posible. Hace ocho o nueve años cayó en mis manos una edición de *Poetas ingleses metafísicos del s. XVII,* preparada por los esposos Molho, y vi algo distinto en aquella tradición, una especie de «discurrir razonador» de los versos. La emoción era distinta, era una emoción ingenua, más libre, más intelectual, si se quiere, que nacía de tratar de explicarse las cosas relacionando objetos en principio dispares. Luego te das cuenta de que aquellos poetas ya sabían que la poesía moderna iba a fundarse primordialmente sobre el pensamiento por analogía (una de las obsesiones de un Baudelaire próximo). A manthatlooksonglasse / Onitmaystayhiseye, decían aquellos versos de George Herbert, uno de los titanes de aquel librito.

Ha evolucionado el panorama poético en torno a nuevas editoriales y círculos de difusión con respecto de las anteriores generaciones a la suya, ¿han traído los jóvenes un cambio?

Sobre esto hay mucho que decir. Hay poetas jóvenes, sobre todo mujeres, que son un prodigio y han vigorizado el panorama, como Berta García Faet o Ángela Segovia, y que además son unas apasionadas de la teoría, y abren nuevos caminos siempre cuestionándose a sí mismas. La poesía más interesante de hoy tiene mucho de inteligente expresionismo y compromiso férreo. Después estamos nosotros, los aburridos devotos de Mallarmé. Por mi parte, escribo, publico y después me olvido de todo. Confieso que todo lo que tiene que ver con la sociología literaria me aburre cada vez más.

Con respecto a su nuevo libro de aforismos, ¿cuáles son los puntos comunes y diferenciales de ese género con la poesía?

Más que un libro de aforismos es un libro, vamos a decir, de «fragmentos». Me resulta difícil describirlo. He disfrutado muchísimo componiéndolo, eso sí. Hacía tiempo que no disfrutaba tanto. Respecto a los puntos de contacto entre ambos géneros... bueno, el carácter sintético y sentencioso del aforismo puede sentarle muy bien a ciertos poemas.

La escritura de la nieve de Pelayo Fueyo

El poeta asturiano publica Títeres de duermevela

Persiguiendo el indefinible momento que va desde el silencio a la palabra, desnudando el errático dolor en cada sílaba, definida como un verso que monta sobre el compás del tiempo, Pelayo Fueyo acaba de publicar *Títeres de duermevela*; último poemario de un escritor que con una estimable sinceridad, observa y desmonta la vida. Un libro que resume sus obsesiones de despellejar la carne, de abrir el pensamiento dudando con los pétalos de la flor, de una luz asustadiza que se alarga como un eco, todo un mundo laberíntico en el que la llave maestra y artesanal del poeta revienta cerraduras prohibidas.

A la obra cimentada del vate asturiano esta nueva obra aporta según el propio autor «una mayor intensidad emocional y, con ello, un mayor derramamiento de los poemas. El poeta ama hasta el límite, la nostalgia de la infancia la convierte en paraíso, y la relación con el "otro", que es el sujeto civil, y Dios mismo, es obsesiva». Pelayo Fueyo descifra así el sentido de la obra y la génesis de la misma: «el título es esencialmente atractivo para mí; de hecho, así nombre hace ya años un cuento extraviado. En el poema que le da título se funden todos los temas del libro: el amor y los celos, la nobleza y la persistencia de la infancia, el sentimiento de culpa y la locura; temas básicos en mi poesía porque idealizan situaciones que asumo».

En sus nuevos versos hay un polo de atracción de objetos que son recurrentes en su obra como el espejo que no miente y muestra la sombra helada de la muerte, y la niñez, como pócima milagrosa y huella asustada de la inocencia, según sus propias palabras: «puede resultar un retablo modernista, pero no es así, en realidad estos objetos los he asimilado como símbolos recurrentes en mi obra. Así la rosa simboliza la belleza abstracta y el amor puro, la estatua es la representación del yo en su máscara final, el jardín es el lugar de idealización del subconsciente, el espejo es un símbolo "nodriza" pues es una cosa que refleja las otras». *Títeres de duermevela* contiene la sentencia de «solo existo para formar un verso», para un autor que, encerrado en el signo del invierno, escribe con la cadencia y pausa de la nieve, así sostiene que «cualquier poeta puede escribir el mejor verso del mundo pero no un gran poema. Yo quisiera que mi experiencia se cifrase, no en un poema, sino en la síntesis de un verso, para reconocerlo de una forma rotunda; pero es difícil, porque podría resultar demasiado concreto o demasiado abstracto. El poeta no pretende sistemizar su saber, pero sí transformar el mundo imaginándolo desde su voz poética personal».

En cuanto al tono de confesión desentrañada con levedad de sus poemas, subraya: «mi poesía, aun cuando surja del entusiasmo, es además, simbólica, reflexiva o metafísica, pero habla en un tono bajo, y por tanto, meditativa. No es, por tanto, especialmente expresiva; mi carácter es introspectivo, a pesar de mi talante sociable, por lo que mis "verdades" son confesiones en voz baja». Sobre si la poesía posee la utilidad de esclarecer las relaciones humanas, opina: «mis versos van por otros caminos. Si sirve para provocar una emoción en el lector, asimilada a una idea, la poesía ya tiene un carácter benéfico, cuya perspectiva social se limita a proyectarme en el "otro" de forma abstracta».

En cuanto al dilema de que el poema parta de la experiencia, apunta: «mi poesía apuesta por la estética, aunque sea figurativa; o sea, por crear el lenguaje necesario para hacer de mis poemas un pequeño universo imaginario, donde apenas aparecen transcritas mis experiencias más personales; abomino del término "poesía de la experiencia", tal como se aplica, ya que, en definitiva, toda poesía surge de la experiencia, en mi caso regida por la intuición, y, por tanto, más íntima y menos socializada: un repertorio de sensaciones e ideas convertidas en sensaciones personales». Recientemente, Pelayo Fueyo publicó el *Manifesto imperfeccionista*, un punto de inflexión novedoso en su obra que define así: «nace de mi empatía con el pintor Juan Falcón, evidenciado en los poemas que escribí sobre sus lienzos, de los cuales adapto sus símbolos y la ruptura de espacios, para confeccionar una historia latente sin perder el rigor poético.

De la capacidad de la literatura para alterar la realidad y dar cuenta de ella, es concluyente. «Creo en "el arte por el arte", lo que espero es que mis poemas provoquen una emoción compleja que sublime nuestros sentimientos más ordinarios».

El alfabeto de África de Ángel Petisme

El aragonés poetiza el continente en El faro de Dakar

«A MENUDO cuando no consigo dormir pienso en la lluvia de África», escribe Ángel Petisme (Calatayud, 1961) en su último poemario *El faro de Dakar*, un recorrido emotivo y denodadamente sincero por el continente africano. También una defensa de una cultura antiquisíma que se eleva a modo de vida, como apunta otro verso: «Nadie tiene Internet. Y nadie llora solo en el mundo del barro». Un redoble de piel tambor al amanecer.

Subyace en la obra esa propensión a pensar en el sensor de la literatura para despertar conciencias: «Todas las artes en general son una extensión de la vida, prótesis humanas que vienen a trascender nuestros desasosiegos, miedos y alegrías. Y otra cosa bien distinta es la cultura del entretenimiento del que mucha "literatura" plantea como único fin, aparte del comercial. En ese sentido la escritura, no la literatura, para mí siempre ha sido un instrumento de búsqueda y agitación de mí mismo, una exposición en voz alta de mis alarmas, de escarbar en mi propia oscuridad y subconsciente para llegar a espacios de luz y lucidez. Si esas palabras se publican y comparten, seguro que nos sacan de nuestra zona de confort diario y desaletargan de la modorra de este apocalipsis zombi que nos ha tocado en suertes», sostiene Petisme. Lejos de entablar cualquier postura acomodaticia, el contacto con el continente africano abre anchas puertas de percepción para un occidental: «África significa "sin frío". Uno puede irse al paraíso y ser muy desgraciado si te llevas la mochila llena de prejuicios y estereotipos. Así que puedes liberarte y empaparte de todo con la sed del nómada o hacerte un tour turístico, traerte unos *selfies* en el paraíso con los negritos de la canción del Cola Cao y regresar sin haberte enterado de la misa la mitad. Son enormes las lecciones de vida de África: el sentimiento de tribu, comunidad y protección, la reunión, la oralidad, el valor de los sabios y los ancianos, la importancia decisiva que se le da a la educación y al maestro, niños que caminan tres horas para llegar a la escuela, los valores no bursátiles, la esencia pura de la humanidad con todas sus contradicciones», apunta el poeta.

Es palpable la apreciación del continente africano por ese instrumento que ejerce, a veces, de bisturí poético llamado silencio, ya que «dice una máxima pitagórica que es la primera piedra del templo de la filosofía. En todo el libro el paisaje y la naturaleza son actores protagonistas, con sus fuerzas desatadas y su inmensidad. Y está escrito con el telón de uno de los grandes tesoros de toda África: la música que está llena de silencios y vacíos sonoros. Pero también hay un silencio nada poético, porque África es el silencio de Dios, el silencio del hambre, el silencio de las potencias neocoloniales que la siguen explotando, no a cambio de espejitos y abalorios como antaño, sino con ayudas simbólicas y tiritas, en vez de incentivar el desarrollo de esos países a los que se les roba todo bajo el gran silencio del terrorismo financiero», señala Ángel Petisme.

El hecho de que el escritor maño haya sido testigo directo de las vivencias que refleja deshecha cualquier suplantación, ya que «no puedo evitar esa especie de periodismo poético. Quizás yo soy un refugiado poético, político y ético que hace el viaje inverso y busca auxilio y esperanza, huyendo». Así mismo *El faro de Dakar* proyecta un recorrido geográfico por África muy exhaustivo: «El viaje es solo una percha y excusa para hacer un periplo emocional y espiritual. En realidad el libro no habla de África sino de las enfermedades y el terror del Norte, del mundo "rico". Hay un vigía en lo alto del faro que observa la condición humana sin cinismo, de forma descarnada pero también tierna. Y en última instancia esa "terra incognita", no dibujada en los mapas, soy yo, un continente herido que quiere salvarse». Sin ambages se habla en la obra de expolio cultural y aniquilación física, según su autor «toca las zonas oscuras del ser humano, la guerra, la avaricia, el turismo sexual, la enfermedad. Nos muestra la cara y la cruz de unas sociedades tejidas entre la modernidad y la tradición, la empatía y la violencia, el fundamentalismo y el espectáculo, la televisión por satélite y la falta de agua, el móvil y el tantán… Y escapa a ambas categorías mostrando una realidad poliédrica que habitualmente se nos muestra simplificada al entendimiento occidental».

Otra de las verdades palmarias que quiere mostrar el libro es desmentir esa creencia occidental de sentirse a salvo debido a que «Podemos seguir pensando que son pobres, ladrones e incultos pero hablan tres idiomas al menos cada uno. El racismo no es otra cosa que el miedo a lo desconocido. "Y qué va a ser de nosotros ahora sin bárbaros? Esta gente, al fin y al cabo, era una solución", decía Kavafis en su poema. Ellos son todo ello». *El faro de Dakar* logra cambiar el universo del lector y consigue que la poesía no sea una moneda de cambio. Un canto llameante de vida pura.

Karmelo C. Irribarren:
«El poema ha de tocar la inteligencia del lector»

L A POESÍA de Karmelo Irribarren se nutre de las cafeterías que envuelven humo tras las cristaleras y de los paseos por la playa de San Sebastián a bocanadas de aire puro. Recientemente se ha publicado *Seguro que esta historia te suena: Poesía completa (1985-2012)* (Renacimiento), buena ocasión para acercarse a unos versos que huyen de estereotipos y etiquetas. En medio de los desiertos inmensos de las ciudades Karmelo Irribarren deja su sello como si de un posavasos se tratase.

¿Qué tienen la noche y los bares que son un imán para su poesía?

Mi poesía está muy pegada a la vida, y yo viví durante mucho tiempo de (y la) noche, también por motivos profesionales. De noche tienes el cielo, si no hay nubes, con su deslumbramiento estelar, y los bares, que son como generadores de esperanza, siempre puede pasar algo diferente ahí dentro. Y si no pasa hoy puede pasar mañana, en cuanto suban la persiana. La seducción permanece intacta durante muchos años. Pero ahora soy más diurno, y se nota en mi poesía. La noche y los bares siguen ahí, pero son geografías que yo ya no recorro, porque ahora soy otro, soy uno que observa, que recuerda, sonríe y sigue andando…

Su poesía invita al lector a dejar una reflexión…

Eso sucede porque el lector se siente cómplice de lo que lee, se reconoce en las experiencias que nutren los poemas. En esta poesía tan cercana a lo vivido, al suceso cotidiano, se trata de contar tu vida de manera que el lector crea —o pueda sentir— que le estás contando la suya. De hecho a veces casi es así; todos nos enamoramos, a todos nos dejan, todos nos hacemos viejos, etc. y si cuentas esto de manera sencilla, coloquial, cercana, es lógico que el lector interiorice el poema, lo haga suyo, y lo prolongue tal vez en su memoria, con su vida, y eso le lleve a reflexionar sobre lo leído y quién sabe si sobre lo vivido.

¿Radica la utilidad de la poesía en su apego a la vida?

Utilidad, poesía… Parecen antónimos. No entiendo del todo la pregunta, pero ahí va mi respuesta: No me interesa —es decir, no me es útil, dado que además tampoco soy profesor de universidad— la metapoesía, ni la poesía del fragmento, ni lo que se ha dado en llamar poesía metafísica, ni la poesía surrealista, ni la del silencio, ni la cargada de retórica, ni la culturalista, ni la incomprensible… Me interesa —me es útil— la poesía que puedo leer y entender y que me hace sentir cosas, recordar, soñar, sonreír, ponerme de mala hostia… La que me remueve por dentro. Y esta poesía tiene, sí, mucho más que ver con la vida que con «el lenguaje», para entendernos. (Postdata: De toda esa poesía que no me interesa salvaría algún poema, claro).

¿Ha de mantener la literatura la capacidad de sorprender?

Más que de sorprender hablaría yo de entretener, en la mejor acepción del término, que no excluye el hallazgo, la sorpresa… Se trata de hacer sentir, de emocionar, de tocar la inteligencia del lector… Esto último es muy importante, y una rareza, por cierto. Gran parte de la literatura y del arte en general modernos lo que produce, al menos a mí me pasa, es perplejidad. Uno lee un poema, mira un cuadro o una escultura y se pregunta de qué va la historia, a qué están jugando…

¿El malditismo en el arte no se elige?

¿Qué entendemos hoy por malditismo? ¿Es maldito un cantante millonario que muere joven por sobredosis? Seguramente los auténticos malditos estarán por ahí, en el anonimato, fumando tabaco de liar porque es más barato, y con unas ganas de dejar de serlo que ni te cuento. Contestando a tu pregunta: yo creo que nadie —tampoco los artistas— quiere pasarlo mal.

Servando Cano:
«Me salvan la belleza y verdad de la poesía»

«El choque entre teología y sociología fue brutal en mi vida»

UN RECORRIDO que se inicia en los *teitos* de Somiedo, continúa por las calles de París y La Sorbona, y desemboca en una cafetería ovetense. Este itinerario se aprecia en la línea de escritura de Servando Cano. El poeta asturiano, que asumió el poder de la naturaleza transfiriéndolo al verso, en *La lengua del mirlo* (Premio Ateneo Jovellanos), y *Piel de trigo* (Premio Ciudad de Salamanca), publicó recientemente *El río para verte no va al mar*, en exaltación contenida de esa llave que es el tiempo. También ha llegado a las librerías *El corazón cansado de la aldea (Voces y lugares de Somiedo)*, en que hay geografía del recuerdo, imbuida de atributos literarios. Un atardecer de Somiedo y la luz de una calle parisina pueden tener el mismo encanto. El amor es recurrencia y trascendencia; el hilo invisible que navega por su poesía.

Si en los primeros libros había una alabanza de la naturaleza, ¿en su último libro ha querido evidenciar el paso del tiempo?

En *El río para verte no va al mar* se ensayan nuevas formas poéticas (sonetos, haikus y rimas). Lo escribí durante el confinamiento, que supuso una clausura del cuerpo, un cierre del lenguaje. El libro es una reivindicación del cuerpo. La naturaleza es el campo de significación desde donde se construyen los poemas. Hay naturaleza en mi libro aunque leída de otro modo. Dice Juan Ramón Jiménez que lo mejor de la naturaleza es la mujer, las estrellas y una rosa. La mujer ocupa el lugar central del libro, bien como deseo o como ausencia o pérdida. ¿Acaso no es este el lugar de la poesía? A un lado el deseo de la luz, al otro la ausencia y la pérdida.

¿Cómo resumiría toda esa poética?

Mi poesía está transida por esta tensión agónica entre el deseo y la realidad. Una leve brisa de erotismo que recorre las ramas del poema «El libro» del semiólogo Roland Barthes: *Fragmentos de un discurso amoroso,* me sirvió de inspiración en algunos poemas.

¿Quiénes han sido sus maestros y qué les debe?

Leí a los clásicos, sobre todo a San Juan de la Cruz, me detuve mucho tiempo en la poesía de Antonio Machado y llegamos a la Generación del 27: la urdimbre entre lo culto y lo popular, fascinantes metáforas y limpia musicalidad de la poesía de Lorca, el nuevo lenguaje de Aleixandre, Luis Cernuda, quizá el poeta más influyente en la poesía posterior. De la Generación del 50 el poeta que más influyó en mi es Claudio Rodríguez: él me entregó la ebriedad del mundo.

Es un ávido lector de poesía contemporánea…

De la poesía de hoy me interesan algunos nombres como José Luis Rey, Juan Carlos Mestre, y la poesía de Aurora Luque y Raquel Lanseros.

En *El río para verte no va al mar* está presente París, donde usted vivió, ¿cómo vivió el caudal artístico y literario de la literatura francesa?

Llegué a París en los primeros setenta para hacer estudios de sociología. Pasé la frontera dejando a tras una España oscura y censurada. Me sentí libre como cuando caminaba, Sena arriba, hacia el Barrio Latino donde se encontraba la librería *La Joie de lire* a leer libros prohibidos en España. Aún estaban calientes los rescoldos de las revueltas del mayo 68, que yo califiqué de utopía libertaria en un artículo publicado en *La Nueva España*. Cuando inicio los estudios de sociología yo venía de cuatro años de estudio de la teología, esa hermosa y comprometida construcción del mundo.

¿Qué me cuenta del París bohemio y del cruce de saberes en su formación?

El choque entre esos dos paradigmas fue brutal. Todavía el marxismo era la referencia hegemónica para explicar el mundo, aunque a la sociología francesa le interesaba más diseñar un horizonte que el dato empírico. Tuve ocasión en París de recorrer bulevares y lugares simbólicos donde aún olía a tabaco y marihuana. No era ajeno a la cultura francesa; había leído ya a los poetas simbolistas y las obras de Sartre, Camus, Malraux y André Gide. Por último, decir que me enamoré en París aunque parezca un tópico o un lugar común para ello.

***El corazón cansado de la aldea* contiene prosa poética sobre lo vivido y lo cercano, como es Somiedo en su caso, ¿ese factor filtra mejor el proceso de escritura?**

Es un viaje a la infancia. Al final se vuelve al principio como Machado en su último verso: «estos días azules, este sol de la infancia». *B*usqué adentrarme en el mundo de la vida de los hombres y mujeres que poblaron aldeas que se van vaciando. Para hacerlo me han sido muy gratificantes la prosa y la poesía del gran poeta del éxodo rural Alejandro López Andrada. No pude eludir la poesía. Hay mucha poesía en ese texto. La poesía, como el amor, va a lo que ve, a la vida, al lugar del habla y pone el oído al mundo. En un segundo movimiento regresa al silencio y lo vivido se transforma en lenguaje: conjunto de símbolos, para construir una realidad transfigurada más allá del yo biográfico. Los hechos y los lugares de la vida rural se transforman de la mano del lenguaje simbólico en universos de sentido: la libertad, la comunidad… No me interesa la poesía que no va al encuentro del Tú y se entretiene en alardes del lenguaje, como una gran parte de la poesía de hoy.

¿Ayuda a vivir la poesía como un manual de supervivencia o un tratado de psicología?

Yo no puedo vivir sin poesía. Comencé tarde a escribir. Soy un poeta de la hora 25, cuando ni Dios puede salvarnos. A mí me salvan la verdad y la belleza de la poesía, como pedía Nietzsche. Cuando el poder decidió clausurar mi vida, escribo para saber que vivo y para envejecer con una cierta lucidez. En los años sesenta, siendo adolescente, compré el libro *Cuatro poetas de hoy*, una reducida antología de los poetas de la postguerra: Otero, Hierro, Celaya, Hidalgo. Comencé a preguntarme por el poder de la poesía para remover el mundo y enviarlo a lugares más habitables. Me alertaron sobre lo que estaba pasando en aquella España represora y amordazada: poesía de tono testimonial, que muestra a un sujeto lacerado y doliente por un mundo sumido en el desastre. Fue como un golpe definitivo para amar de por vida la poesía. Mi voz no es la voz bronca y airada de Otero, ni la voz más sosegada, de callada rebeldía, de Hierro, ni la poesía militante y combativa de Celaya, o la angustia de Hidalgo por la búsqueda de Dios. Mi poesía, que vive de esa tensión agónica entre el deseo y la realidad, busca abrir ventanas para ver el sol, mi mirada contiene el ocaso y la aurora, como pedía Baudelaire en el *Himno a la belleza*.

La palabra dada de Yolanda Castaño

La poesía de la gallega en una antología bilingüe

«LEER LOS poemas de Yolanda Castaño me hace pensar que ha encontrado una interesante y muy personal manera de sortear varias categorizaciones, esos setos en los jardines de la poesía colocados ahí por críticas, teóricos y otra gente aburrida», escribe el poeta Adam Zagajewski en la introducción de un *Un cobertizo lleno de significados sospechosos*, la antología bilingüe en castellano y galego de la poeta Yolanda Castaño.

Con la imaginación erizando la metáfora, la escritora de Santiago de Compostela deposita su verso sobre flores embriagadoras para posicionarse en el mundo: «Soy la ventrílocua, la que corre cantando por los pasillos de plomo, con voz de pizarra». Toda la felicidad huidiza, buscada y extraviada: «porque sé de esa belleza golpeada por el frío». En Yolanda Castaño las venas abiertas del dolor ceden ante la belleza que abre con donosura su caja de esencias: «Literariamente, no puedo separarme de este papel».

Hay en la poesía de Yolanda Castaño muestras de autoconocimiento, una mueca de afirmación, todo contacto con el verso es una manera de definirse, como explica: «Creo en el oxímoron de la empática autorreferencialidad que habla en el poema. Por un lado, la poesía es el género en el que el autor o autora más deja de sí mismo/a –incluso si retrata un paisaje o un objeto, incluso a través de lo que calla– y donde su deuda consiste en dejar un testimonio de su mundo y de su tiempo. Pero, por el otro, ese "yo" es el yo menos individual, separatista y particular que pueda concebirse. En el "yo" del poema cabe todo el mundo, es un yo que no hace más que tender la mano al otro y, si habla de sí, es por la honestidad de hablar de lo poco que más o menos conoce —como se puede apreciar al leer sus versos—. En tanto a si la poesía es romper tópicos, como ella hace desde un vibrante prisma, afirma: «Absolutamente. Si hay algo por naturaleza opuesto al lugar común, al tópico y al estereotipo, eso es la poesía. La poesía es de hecho el discurso alternativo, el lenguaje alternativo a los discursos del poder, a las narrativas de los medios de comunicación, a todos los lenguajes más gastados. No solo trata de devolver los significados a las palabras, sino de que estas progresen alcanzando otros nuevos».

El logro de una poeta pasional sin dejarse llevar por el sentimentalismo se concibe así, según la autora gallega: «Una ducha fría es del todo imprescindible antes de lanzarse al papel en blanco. De lo contrario el poema se nos desbocaría y arruinaría, incluso en su voluntad de emocionar. Jamás debe confundirse poesía y emoción pues lo que la poesía hace es reproducirla, interpretarla…: representarla. No necesitamos que el autor/a simplemente exprese sus emociones, necesitamos que esa representación funcione, y lo haga de la manera más auténtica y veraz posible. La poesía es un código y se trata de cabalgarlo para llegar —a sus lomos— a la expresión más genuina, honesta y a la vez estimulante de un sentimiento; no se trata de que este te atropelle».

La sincronía entre galego y castellano a lo largo de la antología es apreciada así por Yolanda Castaño: «El director de la colección de poesía de la editorial Milenio, el también poeta Josep M. Rodríguez, tuvo la sensibilidad de querer visibilizar en esta antología tanto los poemas originales como mis propias traducciones al castellano, en un ejercicio que pretende mostrar una convivencia entre lenguas y cómo estas siempre nos acercan mucho más de lo que nos separan. Para mí siempre es un ejercicio creativamente estimulante y una oportunidad de intentar reproducir mis motivos, imágenes o prácticas poéticas en otra lengua en la que soy competente. Como tratar de construirle a mis poemas originales un puente hacia nuevas lectoras. Todavía hay lectores españoles/as para quienes la literatura actual en gallego, vasco, asturiano, catalán funciona un poco como lo haría la francesa o la italiana: conocen dos o tres nombres *mainstream* y el resto les es ajeno. Una mínima voluntad de acercamiento les descubriría riquísimos universos literarios con los que conectarán más de lo que creen».

El prólogo de Adam Zagajewski le otorga un universo propio al libro, según confirma Castaño: «Como una de las voces más finas y densas a la vez, reveladoras y reconocidas de la poesía actual a nivel mundial, Adam Zagajewski ya es en sí mismo un universo poético, y yo agradezco profundamente una lectura tan fresca y oxigenante, desolemnizadora y vivificante como la suya. No podría concebir mejor umbral ni más convincente invitación a entrar en mi casa. Tengo muchísima suerte». Podría dar vértigo inaugurar una nueva colección de poesía en estos tiempos, a lo que Yolanda Castaño aduce que «es una responsabilidad, pero una de esas responsabilidades que se afrontan con felicidad y orgullo, con compromiso y una especie de humilde sentido del cumplimiento. Nunca mejor dicho: se asume con palabra, lo asumo dando mi palabra. Es un honor y una alegría, y solo deseo trabajar duro para estar a la altura. Cada nueva época trae de la mano, en poesía, los portavoces editoriales que mejor las representan. Cuando puede que en un futuro –y de forma casi natural– nuevos nombres sustituyan a otros en el sistema editorial español, Milenio está llamada a constituir uno de esos nuevos canales entre poéticas y público lector».

Gema Fernández Martínez:
«La poesía es una herramienta esclarecedora para mí»

*«Un poema es refugio, espacio para la resistencia
y hervidero de esperanzas e ilusiones»*

CARICIA Y arrebato son dos de las premisas que nos encontramos en *Es medianoche en casi todo el cuerpo*, el nuevo poemario de Gema Fernández. La poeta ovetense se define: «Soy una mujer/ extrañada de sí misma,/ un poema carnal,/ un ensamblaje de versos/ que nunca dejarán/ de escribirse,/ de transformarse,/ de jugar al despiste/ con su autobiografía», entre unos juegos de palabras que exorcizan el dolor para proyectar luz sobre piel, con una coraza sólida para contener la respiración y retener la fe en el planeta, y añadir ante la pesadilla de Gaza: «Escribo este poema/ porque quiero creer/ en la piedad genética del sueño,/ en la luz mercenaria/ y añil/ de la belleza».

En la introducción deja muy claro que el factor emocional prevalece en su libro y en su vida…

Sí, yo soy una persona profundamente emocional en lo personal que además utiliza las emociones como herramienta profesional y eso hace que establezca una relación complicada con mi parte racional. Este libro (publicado por la editorial Loto azul) ha sido, de hecho, catártico para mí, un libro de revisión, autocuestionamiento y aprendizaje, un intento de identificar el núcleo de todos mis conflictos. Parte de la necesidad, no tanto de obtener respuestas, como de encontrar el coraje para formular las preguntas necesarias. *Es media noche en casi todo el cuerpo* es una invitación a detenerse en esos momentos en que la ausencia de luz te obliga a avanzar a ciegas, con unos pies que ya no reconoces como tuyos y la imposibilidad de encontrar cualquier cosa a la que agarrarte para mantener el equilibro. Lo que comúnmente llamamos crisis existencial. Estamos llenos de fracturas emocionales sin curar y como ocurre con los huesos, cuando la fractura del yo no se trata puede acabar desembocando en una necrosis personal o una amputación de tu identidad. De pronto ya no sabes ni quién eres, ni lo que sientes, ni en qué momento te abandonaste.

En mi caso me interesaba adentrarme en tres territorios en los que siento la necesidad de encontrar un lugar. El primero y más importante, el yo: un lugar en mí. El segundo territorio sería la pareja. Porque la pareja es un micromundo al que llegamos arrastrando en nuestras mochilas toda la dicha y todo el dolor que hemos ido recolectando a lo largo del camino, y todo eso tienes que ponerlo en común y tienes que lograr que encaje armoniosamente. El mundo de la pareja es un mundo complejo porque tiene otros códigos, otras reglas, otro lenguaje que, además, va mutando con el paso del tiempo según se vayan sucediendo las distintas etapas de la relación. Y esa experiencia está en constante revisión. Cada día es una proeza. Y el tercer territorio es social: un lugar en el mundo. Y ahí sí viene lo complicado cuando no tienes una referencia autobiográfica de un solo momento en que te hayas sentido cómoda en esta bola absurda.

La realidad cruel y el sufrimiento compartido son también señas de identidad

Tratas como puedes de decodificar los símbolos que has asociado a todas las ansiedades personales, sociales, políticas o económicas que sufres. Percibes un mundo agresivo, individualista, deshumanizado donde el exceso de sensibilidad, el pensamiento crítico o el idealismo no tienen cabida. Inevitablemente eso genera en ti una creencia errónea de que el problema es personal, que eres el eslabón suelto de la cadena social, que el sistema no tiene ninguna responsabilidad y que solo es asunto tuyo el ponerle solución. La poesía es una herramienta esclarecedora para mí porque se escribe con el cuerpo y el cuerpo emite señales inequívocas aunque luego la razón no sepa interpretarlas, lo haga mal o directamente las niegue. *Es media noche en casi todo el cuerpo* también es un reducto de esperanza. Son los últimos versos de un poema que termina diciendo «(...) el corazón lo ignora». Porque el amor al final es esa luz indestructible que nos salva y nos permite seguir avanzando. Por eso es tan importante molestarse en cultivarlo, empezando por el siempre olvidado amor propio.

Los poemas nos trasladan a un terreno muy íntimo, pero a la vez muy abierto al mundo

Creo que para descifrar nuestras huellas íntimas, explorar quiénes somos y llegar a comprendernos no podemos operar desde un único escenario. Nuestras historias personales forman parte, ineludiblemente, de la historia colectiva. Somos animales sociales afectados por lo externo en mayor o menor medida y en este sentido escribir desde lo íntimo, desde el desamparo de la carne, desde la parte oculta de la máscara, es abrir una ventana a un mundo que nos interpela y en cierto modo nos explica, un mundo propenso a dejarnos a la intemperie, lidiando con nuestras propias debilidades.

Incluso cuando la poesía se sirve de la imaginación para, como diría Ballard, «desmantelar esa realidad asfixiante y convencional que nos envuelve», ya está visibilizando un mundo hostil, tratando de construir una realidad alternativa, protegiendo también a ese yo interno de las agresiones de un sistema en el que es casi imposible encontrar tu lugar.

Un poema, al menos en mi caso, se convierte en refugio, en espacio para la resistencia y en hervidero de esperanzas e ilusiones.

Habla de pacto con las palabras en el poema «En defensa propia», ¿la poesía siempre requiere un posicionamiento y justificación?

La poesía exige poner mucha atención a lo que nos rodea, detenernos, repensarnos, cuestionar lo que somos, descubrir no solo lo que nos conecta, lo coherente, sino también las contradicciones, los vacíos, los desequilibrios, propios y ajenos. Tanto la escritura poética como su lectura nos obliga a interpretar desde nuestro propio prisma y nuestra propia sensibilidad. Esto, inevitablemente, conlleva un posicionamiento. La poesía puede parecer inofensiva pero se sabe, y lo explica muy bien la ingeniería lingüística, que la palabra tiene un gran poder transformador y es incómoda porque alimenta el conocimiento y obliga a ejercitar el criterio personal y poner en tela de juicio las verdades absolutas. Sin embargo creo que la poesía no necesita ninguna justificación porque la necesidad de su existencia la justifica por sí misma, siendo como es, posiblemente, el terreno literario de mayor libertad expresiva y creativa, donde afortunadamente no está sujeta a estructura alguna ni admite cánones o dogmas.

¿Escribir poesía implica desprendimiento?

Sin duda. Creo que cualquier expresión artística implica el desprendimiento de ciertas partes de uno/a mismo/a. En todas sus acepciones, además. Un desprendimiento porque vuelcas un fragmento de tu existencia en lo que escribes, un desprendimiento como acto de generosidad, ya que entregas lo que eres, lo que piensas y lo que sientes y también como fenómeno geológico, ya que a veces la escritura exige tirarse cuesta abajo por una pendiente a ver a dónde te lleva y qué puedes construir de nuevo a partir de ahí.

¿Qué espectáculo poético musical prepara con su hermana Sil para esta obra?

Por un lado haré presentaciones al uso del libro y lo haré manteniendo una charla con una mujer a la que quiero, admiro y respeto a partes iguales, que es Belén Suárez Prieto. Por otro lado, paralelamente, mi hermana, Sil Fernández, y yo ya estamos trabajando en lo que será nuestro tercer espectáculo poético musical. Siempre que saco un nuevo libro siento la necesidad de llevarlo a escena quizás porque estoy acostumbrada a esa conexión casi mágica que se da con el público y porque creo que es una manera de perderle el miedo a la poesía, despojarla de ese corsé y ese halo de solemnidad que la rodea, desacralizarla, bajarla a la tierra. Proponemos no una lectura poética, sino una conversación poética donde el texto (no leído sino interpretado) y la música se funden en un solo ente que comparte dinámica e intensidades. Además introducimos el humor irreverente, fundamental en nuestro día a día, para jugar con la fluctuación de las emociones de modo que el espectador pase de la risa al enfado, al llanto, al amor, la rabia, etc, en un baile sensitivo y caótico que apenas pueda comprender. La complicidad que se establece entre nosotras y las personas que generosamente se prestan a compartir esta experiencia es de las cosas más bonitas que nos han pasado.

Estefanía González:
«Un poema explica cosas de nosotros que no sabemos»

«No hago nada por pertenecer a mi siglo porque no me gusta»

Dios en la ría atestigua la fuerza interior y la capacidad poética de ladear el infinito de Estefanía González, (Grado, 1970). Un libro que nos muestra a una escritora que sobrelleva con el verso los golpes de la vida, sin ardides ni florituras. La poeta asturiana, que fundó la Librería de Bolsillo en Gijón junto a su marido Valentín Mirada, es de las que siente la poesía como las entretelas de un sueño para sustentar la verdad. Es muy probable verla por el paseo de San Lorenzo, con la mente siempre dispuesta a tropezarse con esa palabra que libere el horizonte.

¿Constata *Dios en la ría* la potestad para abordar situaciones que solamente tiene la poesía?

Digamos que el lenguaje poético es el lenguaje de la psique. Hace mucho que sabemos que el ser humano no es ni de lejos plenamente racional y unívoco. Un lenguaje simbólico y metafórico, exploratorio, subliminal, sugerente, abierto, es más acorde con nuestra forma de estar en el mundo, y la poesía y el resto de las formas artísticas son así. Un estudio científico o un ensayo psicológico sobre el dolor se dirigen a la racionalidad. Una obra de teatro o un cuadro o un poema sobre el dolor se dirigen a lo que llamamos, simbólicamente, el corazón. Expresa cosas de nosotros que ni nosotros sabemos que sabemos.

En un verso habla de quedarse sin lenguaje, que quizás no sea lo mismo que permanecer en silencio…

Sí, no es lo mismo. El lenguaje es una potencia, una capacidad, un poder. Creo que en ese mismo poema uso la palabra *estupefacción*. Quedarse sin lenguaje es como en el instante tras una bofetada, ese aturdimiento, esa incomprensión. Como cuando te cae un golpe muy fuerte y te noquea. Es una impotencia, una incapacidad, un no existir casi, una vida vegetal o animal, no plenamente humana, sin conciencia. El silencio es lo contrario. El silencio no es la ausencia del lenguaje, sino el descanso de la cháchara de la mente.

El libro ha contado con el beneplácito de la crítica, ¿es más complicado lograr ese respaldo que el del público?

En realidad creo que van unidos, no me parecen polos opuestos. La poesía es tan minoritaria que un éxito de ventas obedece más a factores extra poéticos que en otras formas artísticas. Quiero decir que no hay un boca a boca del público paralelo al de la crítica.

Jordi Doce escribe en el prólogo que la obra apenas tiene antecedentes en sus contemporáneos, ¿cómo se lleva con ellos?

Hay excelentes poetas entre mis contemporáneos que, incluso, he leído y que, incluso, tengo el privilegio de haber conocido en ocasiones. Me llevo muy bien con todos y aprecio a muchos, aunque yo siempre estoy fuera de todos los grupos y facciones, en poesía como en la vida. Soy marginal, excéntrica, solitaria, para lo malo y para lo bueno. Mi poesía es muy poco social, debo decir. Está poco inserta en su época, aunque puede que esto sea una percepción errónea mía como cuando digo que ya no pertenezco a mi siglo, pero es falso. Claro que pertenezco a mi siglo. Es inevitable. Lo que pasa es que no lo busco, no hago nada por pertenecer a él porque no me gusta.

Después de estudiar Filología Hispánica, con las consiguientes primeras lecturas, ¿cómo ha sido la transformación posterior hacia otros gustos o tendencias?

En mi casa había libros por todas partes y leía poesía ya de niña. Un libro maravilloso de poemas de Lorca para niños era mi favorito. «¡El sol, capitán redondo, monta en su globo a los pájaros…!». Y de ahí en adelante. No he cambiado de gustos, aunque sonoridades a lo Rubén Darío o rimas machaconas que de adolescente me hacían gracia ahora me hieren el oído. También dejé de pasear por los acantilados leyendo a los románticos ingleses a los que alude Jordi Doce en el prólogo. En la facultad seguía apreciando el mensaje, motivo, anécdota, tema, como los jóvenes. Ahora quiero ser electrizada y no saber por qué.

¿Sobrevive la buena poesía a disputas estéticas y personales, modas pasajeras y el eterno tópico de que es patrimonio de minorías?

Sí sobrevive a disputas estéticas y personales, modas pasajeras y a su ser minoritaria, que es tópico, pero no falso. Lo malo es que hay buena poesía que no sobrevivirá más que el poco tiempo que exista el libro para el puñado de lectores que, por alguna razón, haya dado con él. Tiene que ver con la evolución de las formas artísticas. Lo cultural es inseparable de lo social y lo económico. La función de la crítica a la que aludías antes tiene mucho que ver con esto, pero incluso la crítica es incapaz frente al gran hipermercado que es hoy la sociedad.

Hay poesía muy buena que pasa inadvertida para el gran público, ¿es el lector de poesía más selectivo que el de otros géneros?

No creo que sea más selectivo, sino mejor amante. Hay lectores selectivos en narrativa y ensayo. Y hay lectores de poesía que leen cosas que ni siquiera son poesía aunque se escriban en renglones acortados. Lo que sí hace la poesía es crear verdaderos amantes: dedicados, fieles, atentos, entregados. Porque también la poesía está más abierta al lector.

Un verso que tenga grabado a modo de epitafio o consigna vital

Grabado en mi piel, mi tatuaje: «Un río cuyo fondo guarda más luz que el cielo». ¿Qué, qué será ese río?

Jose Luis Piquero:
«En la escritura es preciso despojarse»

El poeta regresa con El fin de semana perdido
tras doce años de silencio

DESDE 1989 lleva José Luis Piquero dejando su sello personal en la poesía española. Poemas que indagan en el alma humana desnudando su corteza. Ahora publica *El fin de semana perdido*, doce años después de su anterior obra. Un libro que da tintes bíblicos a personajes anónimos y que se cierne en la extrañeza de la existencia. En el maridaje entre la crudeza y la ternura encuentran su sitio la literatura y la vida.

Hay una sensación al leer el libro de recuento y de nostalgia herida

Ambas cosas son intrínsecas a la poesía. Se escribe en gran parte para hacer acopio de memorias. Todo poema es una elegía, como dijo alguien (puede que Eliot). Un tema muy recurrente en mi obra es la adolescencia, un periodo tan formativo como la infancia, pero acaso más doloroso.

Al igual que en otros libros suyos presenta a los personajes sin ningún tipo de tabú…

Creo que en la escritura es preciso despojarse, mostrarse a uno mismo en toda su hermosa u horrible desnudez. La poesía es, por naturaleza, impúdica. Y debe poner el dedo siempre en la llaga, por muy doloroso que resulte. Lo contrario serían puros ejercicios de estilo.

Han pasado doce años desde su anterior libro, ¿cree en la vía lenta de la escritura poética?

Creo que cada cual tiene su ritmo y el mío es, evidentemente, lento. No quiero repetirme, no quiero que el oficio y las mañas aprendidas me dicten poemas correctos. En cada poema lo arriesgo todo y eso no se puede hacer más que muy de vez en cuando. No he evitado sentarme a escribir pero he procurado hacerlo solo cuando me parecía indispensable. La poesía es materia delicada: no se puede manosear todo el día. Demasiada escritura significa dispersión, abarata la poesía.

¿A quién benefician esas guerras intestinas entre poetas llenas de altisonantes declaraciones?

A nadie. Es una lástima que a veces surjan polémicas que no tienen verdadera sustancia. Desde ciertos grupos se ataca a los que parecen estar en otros, pero el trasfondo no tiene nada que ver con el debate estético sino con el ansia de reconocimiento crítico y mediático. Hace ya bastante tiempo que me he apartado de eso. Lo único que me interesa es la literatura y me gustan tipos de literatura muy distintos. No me siento perteneciente a ningún grupo.

¿Hay mucha buena literatura emergente que pasa desapercibida lejos del *marketing* literario?

Mucha, igual que ocurre en otros campos: la música, el cine… pero el buen lector sabe buscar y encuentra. No es fácil. Ser un buen lector, saber discernir, saber orientarse en la marea de novedades es casi tan difícil como escribir.

Además de escritor es traductor y crítico, ¿qué renuncias implica el dedicarse por entero a la literatura?

No creo que implique ninguna renuncia; al contrario. Yo me gano la vida con la literatura, no con la poesía sino con la crítica, el periodismo y la traducción. No sé hacer otra cosa y además no quisiera hacer otra cosa. Hago lo que me gusta y no lo cambiaría por un trabajo mejor pagado.

Carlos Marzal:
«El poeta debe aunar la ebriedad de la palabra y el filtro de la inteligencia»

«La poesía debe dar cuenta de la vida
y a la vez explicar la aventura humana»

AL POETA valenciano Carlos Marzal, una de las voces más interesantes y sólidas del panorama literario español, se le acumulan los reconocimientos y su nombre suena cada vez con más fuerza. Acaba de editarse *Fuera de mí*, el libro con el que logró el prestigioso premio Loewe, que publica la editorial Visor. El libro muestra el valor de la poesía sobre las emboscadas de la vida. Carlos Marzal, que conserva en su haber una amplia lista de reconocimientos, obtuvo con *Metales pesados* el Premio Nacional de la Crítica en 2021 y el Nacional de Poesía en 2022. De *Fuera de mí*, el poeta Luis Antonio de Villena dijo que es un poemario en el que se reconoce al autor solo con leer sus cinco primeros poemas.

Fuera de mí es un poemario con himnos a la vida sin perder su punto elegiaco, ¿Es tarea de grandes poetas combinar tristeza y alegría?

Es una cuestión de justicia, uno mira al mundo con apetito de ser realista con toda su decepción y su entusiasmo. En anteriores libros predominó la decepción, pero en este último ha sucedido lo contrario. No hay poeta elegiaco que no sea alegre, y viceversa. La buena poesía es una combinación de todo ello. En el temperamento de los autores sucede como en el de los hombres. Estamos alrededor de dos cosas: maravillas y catástrofes.

Carlos Bousoño afirmó que en el proceso de creación de un poeta hay un momento de alteración transitoria, casi de inconsciencia irracional

No sé si inconsciencia, pero sí se nota un estado de desbordamiento que hay que trabajar con la conciencia máxima. El poema nace de la inspiración y de la capacidad crítica. Todo no es automatismo y ebriedad, como tampoco es solo racionalidad y razonamiento en torno a las reglas. Deben aunarse la ebriedad de la palabra y el filtro de la inteligencia. No creo en el artista de una sola pieza que sea chamán o científico. El poeta se nutre de muy diversos elementos, como los que pueda tomar un médico para su trabajo.

Una constante en su obra es la búsqueda

Creo que está muy presente en mi obra porque es lo que realiza el individuo, estamos hechos así. Salimos a la calle a buscar lo que soñamos, lo que nos cobija… La poesía ha de dar cuenta de la vida y explicar la aventura humana. Y en esa aventura humana está muy presente la búsqueda.

Es un poeta que ha conseguido el respaldo de la crítica y del público. ¿Ha de conjugar la buena poesía calidad y populismo?

Soy muy escéptico al respecto, hay muy buena poesía al margen del gran público. El reconocimiento no ha de pasar necesariamente por los premios. El azar define muchas veces la fama o el olvido para un poeta. Después de recibir un premio es como pasar un sarampión, dices las cosas con más conocimiento. Hay muy buenos poetas sin premios y muy malos llenos de ellos.

¿Está muy manoseado el concepto de la poesía de la experiencia?

Creo que hay una gran equivocación al respecto. Toda la poesía, ya sea mística, minimalista o biográfica, es poesía de la experiencia. Por eso creo que la discusión que se suele dar sobre ese término

resulta redundante. La polémica ha llegado por disputarse un pequeño pastel. Ha habido señores que con toda su mala intención
han arremetido contra una serie de escritores por pequeñas miserias
y envidias personales.

**¿Qué herencia ha de dejar un poeta para conseguir que su obra
perdure?**

Creo que nadie lo sabe. Es muy difícil definirlo. El que escriba
pensando en la posterioridad me parece un loco. De este modo equi-
voca el oficio, el centro de la diana de su quehacer, que no es sino
dar cuenta de su vida. La literatura para quien se dedica a ella es un
destino.

El abrigo literario de Fernando Beltrán

El escritor de Grado reúne sus ensayos poéticos
de los últimos cuarenta años

«¿Por qué seguimos aún alquilando buhardillas, apagando el hornillo, tecleando gripes, iluminados solo por el reflejo de la nieve; por qué descalzos siempre, en precario, a la intemperie», escribe Fernando Beltrán con su artesanal sutilidad en *La vida en ello*, que reúne sus ensayos poéticos. Cuarenta años de prólogos, presentaciones, ensayos, conferencias, artículos, reflexiones, inéditos, recopilados con mimo y prologados por Leopoldo Sánchez Torre, con un óptimo resultado de selección y minuciosidad. La obra es fruto de un encargo del profesor Javier García Rodríguez desde la Universidad de Valladolid. De nuevo Beltrán pone sus ojos atentos ante la vida con su atractiva mirada literaria. Un paraguas poético con la creatividad en ebullición. La descripción exacta de la lluvia.

La vida en ello cuenta con el patrimonio de los recuerdos, tanto en lo vital como en lo literario, algo que acaba por apuntalar y determinar la obra de un poeta: «Los recuerdos a veces abrigan y apuntalan, otras conmueven y agitan. Cuando un poeta se abre a la memoria, se abre las carnes al mismo tiempo. Y luego está la balanza del lenguaje… Si usas la palabra belleza acontecerá pronto abismo, si usas abrigo pedirá paso enseguida la palabra intemperie… Y viceversa… Como la vida misma. Poesía es latido, vuelo y tensión en carne viva, nunca evasión, porque crea una niebla sobre la realidad que al levantar aporta una visión y una luz distintas. Esa es su magia, y de eso habla este libro, y de quien escuchó muchas veces aquello del nunca llegarás a nada y un día descubrió que escribiendo poemas podía por fin ser útil, con él mismo y con los demás, porque todos tenemos miedos, dudas, lunes, ilusiones y trenes pendientes muy parecidos. También lo podría decir de otra forma, amar, amar, amar…», afirma el poeta asturiano.

El libro cuenta, entre otras reflexiones literarias, con valoraciones de la poesía de la experiencia y el sensismo, valoraciones que Fernando Beltrán hace con su cordialidad y delicadeza habitual y que nunca han de ser excluyentes frente a otras corrientes, se trata de «Poéticas apasionadas de un joven poeta, pero también hablo aquí de lo que ocurrió a partir de descubrir que al final las poéticas no las dictan el mundillo y las tribus literarias, sino la vida misma; esas cosas que pasaron y no habíamos pensado, y esas que sabíamos ocurrirían, pero nos afectaron de forma inimaginable, hijas, padres, muertes, errores, derrotas, enfermedades, decepciones y, afortunadamente, algún vaso de vino a la hora de siempre, algún amigo, alguna ciudad de paso esperándonos aún, algunas pasiones incurables, que lo curan todo… Y una mano buscando todavía la tuya a mitad de la noche. Ese sí que es un milagro, sensismo puro, poesía de la experiencia, asombro…».

Como muestra *La vida en ello* el sentido de la observación ha sido materia prima primordial en su obra: «Dicen que el poeta ve lo que otros no ven, pero no es cierto. Vemos lo que todos ven. Lo que hace el poeta es no pasar de largo y sostener la mirada, a veces en un lugar amable, a veces en un lugar incómodo, que incluso te complicará la vida… Las cosas iban bien, y hala, vuelves a abrirte en canal y a poner tus tripas sobre la mesa, Pero ese es el contrato del oficio», recalca el escritor asturiano. Por las páginas del libro pasan escritores admirados de la Generación Beat y 27, además de otros personajes queridos, la mejor forma de rendir tributo a un escritor estimado es según el creador del Aula de las Metáforas: «Recordar sus versos, leer sus miedos, subrayar sus errores, cantar sus himnos, imitar sus trampolines, dejarnos contagiar, vivir, caminar amar con ellos… "De tanto amar y andar salen los libros" decía Neruda».

En *La vida en ello*, como en muchos otros libros de Fernando Beltrán, es imprescindible la vertiente humana… «Una poesía habitada, llamó una profesora india a mi poesía, y me gusta la definición, viniendo además del país con más seres humanos por metro cuadrado de la tierra. No entiendo otra manera de celebrar mis caricias, mis insomnios también, mis miedos, mis deseos, mis abismos… El mar era un silencio que se curó con olas…». Fernando Beltrán había hecho otras incursiones en la prosa, como es el caso de *Mujeres encontradas*, en cuanto a si la prosa poética no deja de ser un estilo en sí, afirma que «Escribir en prosa es para mí un poco como escapar de casa… Vago a mis anchas, hablo en alto, pero sosiego el grito, sangro de otra forma, amo con otra mano… Y a la larga, aunque estos textos parezcan a veces más públicos, existe una desnudez que me ha sorprendido. Prosa o poesía. Abismos o bellezas: la trenza de mi vida». En torno al grado de identificación actual con textos escritos a lo largo de los últimos cuarenta años, sostiene: «Identificado, sí, porque ese que escribe soy yo, pero ajeno también, porque yo ya no soy aquel. La vida nos va llevando a otros lugares, otros insomnios distintos, otras heridas, otra forma de nombrar las cosas, otras celebraciones también… Releerse a uno mismo es corregirse, afortunadamente».

Martín López Vega:
«A la poesía amorosa le sienta bien la juventud, al menos la de espíritu»

«Que los poetas tengan más o menos prestigio no me parece importante, preferiría que lo tuvieran los políticos»

L A MIRADA cómplice de Martín López-Vega (Poo de Llanes, 1975) avezado a los versos en cualquier idioma, como traductor, propagados en cualquier lugar del planeta, como viajero incansable se detiene en su libro *Y el todo que nos queda. Poemas de amor*. Este espacio lírico apunta a la diana del amante, como génesis y fin, en la nueva creación del autor asturiano: «Eres más hermosa que el centro de la tierra/ que el soneto dieciocho de Shakespeare».

Con el propósito de huir de tópicos y adquirir cierta profundidad, ¿ha de escribirse un poemario amoroso con una edad y estado de ánimo determinado?

Neruda decía que había que llegar a cierta edad para escribir poesía política, pero a la poesía amorosa suele sentarle mejor la juventud, al menos la de espíritu; según envejecemos solemos volvernos más resabiados, más cínicos, más cautos. Amar rejuvenece. El único estado de ánimo determinado para escribir poemas de amor es estar enamorado, y entregarse a ello. Amar es un acto revolucionario. Salvo si amas a medias: entonces, en vez de la revolución te sale la independencia catalana. Y el todo que nos queda es un libro de poemas de amor sin mácula, sin reverso oscuro, sin canción desesperada. Es posible un amor así: solo hay que trabajarlo y cuidarlo. Yo he querido hacer un libro de instrucciones para mí mismo. El amor es una planta que se riega también con poesía.

Se conjugan amor y viaje, dos grandes inspiraciones para el poeta. ¿Cómo ha hilado este hecho?

En este caso, lo hila a menudo la distancia; algunos poemas de Y *el todo que nos queda* son cartas escritas desde lejos, desde lugares a los que uno viaja solo por trabajo, aunque también hay algunos de viajes en compañía. La distancia a veces intensifica la sensación de amar: o al menos provoca esa dolencia que no se cura sino con la presencia y la figura, como dijo San Juan. De todos modos, nunca he creído que el viaje sea un tema de mi poesía, aunque algunos de mis poemas tengan lugares lejanos como escenario. Me ha tocado (y en buena medida he buscado) una vida de ir de aquí para allá, así que lo cierto es que para mí son poemas de lo cotidiano, no los veo como un elemento exótico.

Los versos se rotulan de diferentes referencias literarias, musicales o pictóricas, ¿son partes de un todo que es un sentimiento universal?

Son tan parte de la vida como la vida misma y además realidad aumentada: después de ver la luz en un cuadro de Vermeer es imposible contemplar el mundo como antes, y hay versos que subtitulan la vida. Y yo canturreo todo el tiempo, así que si mis poemas no tuvieran música, serían como una película muda. Me gustan los poemas que suenan y que convocan imágenes, pero también que huelen, que inducen al tacto, que tienden puentes secretos a otras obras y otros tiempos.

Habla en su poesía de una mujer inverosímil, ¿la buena poesía ha de ser verosímil?

La mujer inverosímil es la de la dedicatoria, que nunca deja de sorprenderme. En ese sentido la poesía de verdad lo es también; un buen poema nos despierta como un *big bang* portátil. Pero la buena poesía ha de ser buena, y acepta pocas normas más. Ha de estar siempre alerta ante lo posible, como quería Denise Levertov; y eso sí, recordar que aunque un poema puede querer decir muchas cosas, no quiere decir cualquier cosa.

La guerra de Ucrania ha sucedido a la gran crisis que trajo la pandemia, con una gran demanda de lectores de poesía. ¿Qué ha de ocurrir para que el poeta tenga el prestigio que se merece en la sociedad?

No creo que los poetas no tengan prestigio; el que tienen está muy por encima del que les correspondería si atendiésemos a sus ventas. No sé si la poesía está condenada a ser un género minoritario, porque es exigente como todo lo que nos hace mejores. Aunque ya que hablas de guerra, siempre es bueno no ser grandilocuentes: Mao Zedong y Radovan Karadzic eran poetas. Yo quiero siempre más y mejores poemas, pero que los poetas tengan más o menos prestigio no es un asunto que me parezca importante. Preferiría que tuvieran prestigio los políticos, que los mejores quisieran dedicarse a la política, que desapareciera esta miasma del todo vale y el tú más y la desinformación tendenciosa de la extrema derecha, que es mucha, y que a la gente le importase cómo la gobiernan. Siempre han sido malos tiempos para la lírica, pero es mucho más preocupante que lo sean para la cosa pública.

Gabriel Sopeña:
«La poesía es una inagotable fuente de conocimiento»

«El poema utiliza el símbolo y es capaz de transmitir infinidad de mundos; la canción tiene inmediatez»

CON INCONFORMISMO universitario y un alto nivel de exigencia, Gabriel Sopeña es un doctor en Filosofía y Letras que tiende a las máximas cotas de creación artística. Sopeña ha publicado recientemente el poemario *El cantar de los destierros*, una epopeya amorosa en la que se traslucen sus preocupaciones existenciales. Creador vivaz e inquieto, ha puesto pentagrama musical a textos de grandes poetas contemporáneos, como Gil de Biedma, Neruda y Salinas. Este buscador de sueños maño que convierte en materia sensible lo que toca ultima actualmente un proyecto literario-musical, con motivo de la designación de Zaragoza por la UNESCO como Ciudad de la Paz.

¿Cuál es la significación de *El cantar de los destierros*?

Es un libro que pertenece a una época en la que decidí un autoexilio interior. El libro es fruto de una reflexión personal sobre el amor que me surgió a los 33 años, edad de iluminación de los profetas. Es una expiación personal que abarca un nuevo espacio literario de poema en prosa.

Ha escrito libros universitarios sobre dioses, mitos y ritos, ¿cómo transciende ese factor en su poesía?

Soy una persona muy preocupada por la espiritualidad, que creo que abarca toda la vida. Como escritor reflejo esa materia, pero no

179

creo que esos libros guarden una relación tan directa con mi poesía. Siguiendo la estela que marcó el antropólogo rumano Mircea Eliade, utilizo herramientas del acervo común, mitos como el de la pálida sombra; son diversos códigos que el poeta conoce.

¿La función primordial de la poesía es llevarse la vida por delante?

No. Pienso que la poesía es una inagotable fuente de conocimiento que tolera toda la libertad en un espacio amplísimo. Su función es la del conocimiento lírico, tan trascendente como el conocimiento científico. Tan importante es saciar la sed como el ritual de compañía que conlleva.

¿Canción y poema están bajo un idéntico denominador?

Son dos códigos distintos; el poema utiliza el símbolo y es capaz de transmitir infinidad de mundos. Por su parte, la canción tiene inmediatez; el poeta es más libre, no rinde cuentas a nadie. No hay disciplina más complicada que poner música a un poema.

¿Y cómo la traslada al poema?

Cada uno es un mundo, depende del artista que lo vaya a interpretar; es un oficio con normas. Me enfrento a un poema como un pintor lo hace a su modelo.

En el mundo artístico, ¿hay que emocionarse para emocionar?

Es algo imprescindible, una cuestión tan innata como la que percibe un niño al comprobar tu tacto es, además, una cuestión hormonal y física. Sin amor por el oficio no hay nada, lo demás son arribistas que quieren hacerse ricos.

Está actualmente inmerso en el proyecto Ciudad de la Paz de la UNESCO, ¿quiere que sea un punto de encuentro universal?

Va a ser una hermosa locura. Vamos a grabar un disco con poemas de Alberti, Lorca y Machado, además de otros poetas latinoamericanos. Va a ser un disco coral con 60 personas, un elenco fantástico de cantantes y músicos extranjeros de la diáspora que viven en Zaragoza. Un proyecto imposible que va a ser realidad.

María Fernández Abril:
«Intento que el poema esté escrito con el mimo de un artesano»

María Fernández Abril conlleva un verso joven que se torna a convertirse en clásico, como sus dos últimos versos atestiguan como presente de la literatura asturiana. Un consabido saber en la tradición, una visión clara de la realidad y un conocimiento por la dicción hacen de esta mierense una voz dispuesta a crecer y a hacerse cada vez más personal y transparente, lejos de cualquier prejuicio de encasillamiento generacional.

Hay quien señala el lugar de nacimiento como gran condicionante en su escritura, en su caso fue en Mieres, ¿hasta qué punto admite esta afirmación?

El lugar de nacimiento condiciona totalmente distintos aspectos de la vida de una persona –creencias, lengua, forma de hablar, costumbres y comportamiento…–, que conforman la cultura, contemporánea y ancestral, de ese lugar y que se reflejan en la escritura. De este modo, la creación artística suele estar influenciada por la cultura y la intracultura de la que formamos parte, pero también por el paisaje sobre el que existimos diariamente, ya que escribimos sobre lo que somos y somos en un lugar que es nuestro. Por eso mismo, resulta inevitable que las distintas coordenadas –geográficas, históricas, culturales, ambientales…– del sitio concreto en el que nacimos se vean reflejadas en la creación artística, sin olvidar que ese sitio pertenece a estructuras mayores (la región, el país), cuya cultura más amplia alberga muchos distintivos con los que también nos identificamos a diferentes escalas.

Así que, aunque únicamente uno de mis relatos está ambientado en Mieres –«Baxar del tren» (*Una línea en la pared*, 2020)– y ninguno de mis poemas, Asturias es uno de los principales escenarios geográficos y culturales de mis libros, pues escribo desde mi óptica asturiana, que es donde he residido la mayor parte de mi vida. Además, creo que en mis textos hay una constante de claustrofobia que sufren muchos personajes y que está directamente relacionada con la fuerza telúrica que ejerce el paisaje de «este valle», como me refiero a Mieres en *Cuentos tradicionales* (Rialp, 2025), sobre mí.

No obstante, este último poemario no se puede comprender sin las letras españolas y sin la literatura y la cultura universal.

Cada vez hay en Asturies más escritores bilingües. ¿Es un fundamento importante para asentar nuestra cultura?

En nuestra vida diaria, nosotros nos expresamos en dos lenguas, por lo que lo más lógico es que también usemos el asturiano para la creación literaria. Sin embargo, más que para asentar nuestra cultura, que ya está asentada y que goza de una rica tradición literaria, es un fundamento importante para garantizar la continuidad y seguir enriqueciendo nuestro patrimonio literario y cultural.

¿La lucha contra la banalidad de la poesía forma parte inherente de la misma vida de la persona?

De momento, no siento que esté luchando contra ningún tipo de poesía, pues también creo que la poesía también tiene una vertiente lúdica o que trata de temas más banales, sino que intento que el poema sea bello, que esté trabajado con el mimo de un artesano y que albergue en su esencia un sentimiento de validez universal, por mucho que parta de experiencias, emociones o anécdotas personales.

Un accésit del premio Adonáis, ¿estimula ampliamente la creación poética?

Sí, claro. Al comprobar la nómina de autores que obtuvieron un accésit en el Adonáis desde 1943 –Ángel González, Antonio Gala,

Fernando Beltrán, Aurora Luque, Aurelio González Ovies o Rodrigo Olay– y que configuraron la historia de la poesía española de la segunda mitad del xx y de principios del xxi, te das cuenta del enorme reconocimiento que supone este galardón, lo que te infunde ganas de continuar escribiendo. No obstante, la inspiración necesita descansar un poco.

Ha escrito una tesis sobre Feijoo, ¿está bien gratificada la investigación universitaria?

Fui muy feliz durante los cinco años que estuve trabajando en la Universidad de Oviedo, primero con un contrato predoctoral Severo Ochoa para la realización de la tesis doctoral sobre la dimensión americana en Benito Jerónimo Feijoo en el departamento de Literatura Española, bajo la dirección de Eduardo San José, y luego con un contrato a cargo de un proyecto de investigación sobre censura gubernamental en el siglo xviii.

Así la cosas, la investigación es un sector muy precario, porque ni está bien gratificada económicamente y porque, para conseguir un *curriculum* excelente que te permita conseguir un puesto de ayudante de doctor (la primera figura de profesor a la que puedes optar, que tiene una duración temporal de máximo cinco años, tras los que se debe volver a concursar, y que tiene una remuneración económica bastante menor que la que recibo como profesora de enseñanza secundaria), has de recorrer un camino muy duro que implica una dedicación total y absoluta, en cuerpo y alma, a la investigación, incluso cuando no tienes un contrato para ello, y sin que nadie te garantice que ese esfuerzo vaya a ser recompensado con un puesto de trabajo.

Yo todavía no la he abandonado del todo, aunque voy a un ritmo muy bajo, y, por supuesto, es amor al arte.

¿Qué cambios y logros cree que traerá a la cultura su generación?

Todavía es pronto para saberlo, ¿no? Estilísticamente, es difícil traer ningún cambio sustancial, pues nuestra manera de escribir, tanto en la tendencia más clásica como en la más experimental, bebe de la riqueza de la tradición poética española en la que nos insertamos. Sin embargo, me imagino que empaparemos la poesía de algún elemento de la cultura *millenial*, de preocupaciones sociales compartidas, de los matices que, determinados por la contemporaneidad que nos ha tocado vivir, surgen en el tratamiento de los distintos temas literarios.

La palabra como arma contra la tristeza

Pilar Rubiera

Lauren García llegó a *La Nueva España* como redactor en prácticas en julio de 1997. Aquel fue un verano luminoso y sombrío a la vez en España. El primer día de ese mes, la Guardia Civil liberaba al funcionario de prisiones José Antonio Ortega Lara después de 532 días secuestrado por ETA. La organización terrorista vasca secuestraba y asesinaba, días después, a Miguel Ángel Blanco, de 29 años, concejal del PP del Ayuntamiento de Ermua. Más de dos millones y medio de personas se manifestaron en toda España contra ETA, y en Bilbao, por primera vez, medio millón de ciudadanos salieron a la calle para gritar «¡basta ya!».

Lauren García estudiaba tercero de periodismo en la Facultad de Ciencias de la Información de la Universidad Europea, en Madrid. Educado, cariñoso y con sentido del humor, era, sobre todo, un gran observador y un tipo con voluntad de aprender y de aprehender. Nadie de los que integrábamos las secciones de «Oviedo», «Sociedad», «Cultura« y «Espectáculos», a las que fue adscrito, sabíamos de su condición de poeta, pero enseguida descubrimos su amor por la cultura y el lenguaje.

He recordado muchas veces su cara de asombro cuando le asignamos su primer artículo: la denominada «suelta del *gochu*» en las fiestas de Fitoria, en Oviedo, una costumbre ya desaparecida que consistía en que los participantes, con los ojos vendados, debían atrapar a un cerdo en un recinto y subirlo al hombro. Lauren pasó con notable la prueba; la información recogía todos los elementos de la jornada festiva y estaba escrita con fina ironía. Al final del verano era uno más entre nosotros y ya conocíamos su querencia vital por la poesía. Como comentaba en ocasiones con humor, en Pola de Allande, donde fue un niño muy feliz, cuando intentaba jugar al fútbol ya le decían: «Laureano, lo tuyo no ye el balón, ye la poesía».

Desde entonces, Lauren García ha estado vinculado a *La Nueva España* como colaborador. Y algunos de nosotros también lo estamos estrechamente a él. Sabe tejer con delicadeza un hilo de afecto que remata, cada diciembre, con el envío de un poema como felicitación del año nuevo. Imagino que ese es el regalo que reciben muchos de sus amigos.

Buena parte de las entrevistas de *Ceniceros sucios* se han publicado en ese periódico y puede decirse que la literatura y la poesía, unidas a la música y a esa «amistad a lo largo» de la que habla su admirado Gil de Biedma, le han ayudado a sortear los avatares de una vida que no ha sido fácil, pero que él ha afrontado con la fuerza y el coraje que da la palabra escrita. «Toda aventura poética siempre busca combatir la tristeza», afirma.

A Lauren le gusta conversar, escudriñar el pensamiento más íntimo, tanto de los que en el libro denomina «clásicos perdurables» –a alguno de los cuales admira desde siempre– como de «los poetas impacientes». Todas las charlas, algunas cara a cara, otras telefónicas o mediante cuestionario, resultan sugestivas. Son entrevistas flexibles, podría decirse que espontáneas, pero sustentadas en dos elementos periodísticos imprescindibles: el conocimiento que da la lectura de sus obras y la curiosidad.

Mario Benedetti, Ángel González, Francisco Umbral, Manuel Vázquez Montalbán, Manuel Vicent, Antonio Gamoneda, Nélida Piñón, Almudena Grandes, Claribel Alegría, Rosa Montero, Joan Margarit, Manuel Vilas, Berta Piñán, Xuan Bello, Roberto González-Quevedo y María Fernández Abril son algunas de las cincuenta personalidades de las letras españolas y asturianas que se incluyen en el libro. Solo diez mujeres entre ellas, una proporción todavía muy escasa. El periodista logra establecer con todas complicidades que, casi siempre, revelan la verdad de la obra del entrevistado o entrevistada.

Lauren García pone corazón en todo lo que hace. Desde su primer poemario, *Versos como sangre hirviendo* (2005), una proclama apasionada de la fuerza poética de su juventud, hasta *La vida alzada* (2023), donde habla de un resurgimiento después de una etapa vital agotadora, en la que coincidieron la enfermedad de su madre y su cuidado, la epidemia de la Covid y su propia fragilidad, no ha hecho más que escribir su autobiografía a golpe de poemas.

En las entrevistas, y en general en la escritura de Lauren García, hay algo que nos remite a aquel niño feliz que recorría las aldeas de Allande acompañando a su padre, veterinario, en las visitas a los animales que él supo retratar, con emoción, en el precioso cuento poético *El diluvio de la fresa*, con ilustraciones de Carlos Álvarez Cabrero.

Hay más proyectos en el horizonte, más entrevistas y más libros. En aquel tiempo duro y extenuante de la Covid escribió otro poemario, *Un exilio voluntario*, finalista del premio Loewe de poesía, que verá la luz próximamente. «Creo que es lo mejor que he escrito», dice.

Lauren García, periodista y poeta, ha encontrado en la literatura la fórmula vital para matar la tristeza y continuar echando un pulso al mundo porque, como él mismo escribió, «hay que oír deslavazarse el aire para encontrar una melodía purificadora».

Índice

꧁

Primera edición: octubre de 2025

Todos los derechos reservados

© Lauren García, 2025
© Ediciones Trabe S. L.
C/ Fernando Alonso, 17 - bajo derecha - 33009 Oviedo
Teléfonos: 985 208 206 / 684 626 445
www. trabe.org
ediciones@trabe.org

Ilustración de cubierta: Ricardo Cotarelo
Fotografía del autor: Eduardo Blanco
Al cuidado de la edición: Rafael R. Valdés

Hecho en Asturias

Depósito legal: As-02108-2025
ISBN: 978-84-10345-84-3

Con una ayuda de la Consejería de Cultura, Política Llingüística
y Deporte del Gobierno del Principado de Asturias